절에는

이야기가

숨어 있다

절에는

이야기가

숨어 있다

목경찬 지음

담앤북스

들어가는 말

사찰은 이야기꾼이다

요즈음 '스토리텔링', '스토리텔러'라는 말을 자주 씁니다. 무엇인가 거창한 말 같지만, '이야기 만들기', '이야기꾼'입니다. 사실 이 땅의 어머니들이 이야기꾼입니다. 어릴 적 들은 『콩쥐팥쥐전』이나 『심청전』은 어머니에게 들은 이야기가 다르고, 외할머니에게 들은 이야기가 달랐습니다. 뼈대는 비슷하지만.

'한 말씀'보다는 '이야기 하나'가 더욱더 정겹고 가깝게 느껴집니다. 어릴 적 어머니와 외할머니가 해 주신 이야기는 참으로 재미있었습니다. 몇 번씩 들어도 좋았습니다. 부처님 가르침이 어머니와 외할머니 이야기처럼 재미있게 들린다면 자꾸 듣고 싶을 것입니다.

이러한 생각은 예나 지금이나 마찬가지입니다. 그 옛날 부처님께서는 대중이 쉽게 접근할 수 있도록 비유와 이야기로 가르침을 전해 주셨습니다. 이후 불교가 전해질 때도 그 지역과 시대에 맞는 이야기로 등장하여 부처님 가르침이 대중에게 스며들었습니다. 이러한 이야기는 사찰 곳곳에 남아 있습니다. 널리 알려진 이야기도 있고, 아직 감추어진 이야기도 있습니다. 이야기를 대하는 이의 생각에 따라 여러 내용으로 바뀌며 전해지는 이야기도 있습니다.

따라서 사찰을 찾아가는 재미 가운데 하나는 숨어 있는 이야기 찾기입니다. 책과 인터넷 등에 널리 알려진 이야기도 있지만, 아직도 사찰 속에 꼭꼭 숨은 이야기가 있습니다. 새로운 이야기를 찾았을 때, 필자는 호기심 가득한 아이가 됩니다. '그래서요?', '왜요?' 궁금증이 자꾸 일어납니다. 그리고 이야기 속에 담긴 등장인물의 마음을 따라갑니다. 마치 드라마 속 등장인물에 빙의되는 것처럼.

사찰은 이야기꾼입니다. 이야기를 끊임없이 들려주는 이야기꾼입니다. 고전 이야기도 들려주고, 새로운 이야기도 창작하여 재미있게 들려줍니다. 눈먼 거북이 이야기, 마실 간 돌부처님 이야기, 고양이 밥을 먹은 쥐 이야기, 절을 방문한 밤손님 이야기 등등, 아직도 들려주지 못한 이야기가 많아서인지 자꾸만 사찰로 오라 손짓합니다.

필자는 부처님 가르침을 널리 전하기 위해 대중과 함께하는 불교문화에 관심이 많습니다. 무엇보다 역마살이 강한 필자는 이 산, 저 절을 다니며 많은 현장을 보고 많은 이야기를 들었습니다. 그 이야기를 이 책에 담았습니다.

이 책의 '제1부 돌부처님이 들려주는 이야기', '제2부 열두 동물과 나누는 법담'은 울산 백양사에서 출간하는 《백양》에 연재하였던 내용을 정리하였습니다. '제3부 사찰 속 숫자가 들려주는 이야기'는 한국불교문화사업단《템플스테이》, 서울 봉은사《판전》, 대한불교조계종 포교원《법회와 설법》등에 연재하였던 내용을 정리한 것입니다.

연재할 기회를 주신 분들께 고마운 인사를 드립니다. 무엇보다 《백양》에 인연을 맺어준 울산 태화선원 주지 명본 스님, 고맙습니다. 그리고 어려운 출판 환경에 매번 흔쾌히 출판을 맡아준 담앤북스 오세용 대표, 책을 정성스럽게 꾸며 준 담앤북스 직원분들에게 고마운 마음을 전합니다.

이 책에 담긴 이야기가 독자들에게 잠시 웃음과 여유를 주었다면, 불보살님과 이야기를 들려준 이들의 공덕이라 생각합니다. 불보살님의 지혜와 자비로 모두 행복하기를 기원합니다.

불기 2567년(2023년) 4월
북한강 희견재에서 수종사를 바라보며
목경찬 합장

차
례

제3부 사찰 속 숫자가 들려주는 이야기

1

돌부처님이

들려주는

이야기

시대를 닮은 부처님 얼굴

민초들의 소원이 새겨진 부처님

부처님을 뵈러 사찰에 간다. 부처님의 가피(加被)를 구하고자 정성스
러운 마음으로 부처님 앞에서 기도한다. 부처님의 이름을 몰라도 좋
다. 경전에 나타난 부처님이 어떤 분이고, 어떤 말씀을 하셨는지 상
세하게 몰라도 좋다. 사실 그건 중요한 게 아니다.

　누군가에 의해 전해진 그 말 한마디, 어느 절 어느 불상 앞에 절을
하면 소원을 들어 준다는 그 한마디 말에 누군가를 위해 그렇게 간절
하게 기도한다. 앞으로 오실 부처님이 미륵부처님이라는 말을 듣고
는 부처님 형상을 '미륵탱이', '미륵불'이라고 부르며 소원을 빈다. 이

'장동건 부처님'이라 불리는
경주 남산 보리사 부처님.

처럼 이 땅 곳곳에 모셔진 부처님상에는 많은 민초들의 소원이 새겨져 있다. 소원과 더불어 자신의 마음과 자신이 알고 있는 이야기도 부처님상에 전해진다.

돌로 새겼든, 나무로 새겼든, 철로 새겼든, 그렇게 모셔진 부처님은 지역과 시대에 따라 다양한 모습으로 나툰다(불교에서는 '나타나다'는 말을 '나투다'라고 표현한다). 지역과 시대에 따라 어떤 분은 가장 이상적인 인간상의 모습으로 세련되게 나투고, 어떤 분은 민초들의 마음에 따라 투박하게 나툰다.

그렇다고 아무렇게나 나투지는 않는다. 나름 표준 모델은 있다. 그것이 경전에 나타나는 32상(相) 80종호(種好)다. 부처님은 보통 사람과 다른 신체적 특징이 있다. 두드러진 모습으로는 32가지 특징이 있고, 세세한 부분까지 살펴보면 80가지 특징이 더해진다. 이를 32상 80종호라고 한다. 이 둘을 합쳐서 상호(相好)라고 한다. 멋들어지게 나투신 부처님을 '저 부처님은 상호가 원만하시다.'라고 표현한다. 가령 경주 남산 보리사 부처님은 불상 연구가 사이에서 '장동건 부처님'으로 불릴 만큼 상호가 원만하다.

드러난 모습에 속지 마라

그런데 32상 80종호는 부처님에게만 있는 모습이 아니라 전륜성왕

(轉輪聖王)에게도 나타난다. 전륜성왕은 인도 신화에 등장하는 가장 이상적인 왕을 일컫는다. 나라를 잘 다스려 백성들의 삶을 행복하게 하는, 진정 왕 다운 왕이다. 신라 진흥왕, 법흥왕 등은 전륜성왕이 되고자 하였고, 백제 성왕은 아예 전륜성왕에서 그 이름을 따왔다고 한다.

이처럼 32상 80종호는 부처님뿐만 아니라 전륜성왕에게도 나타나기 때문에, 석가모니부처님(고타마 싯다르타)이 이 땅에 오실 때 아시타 선인은 이렇게 말하였다.

"이 아기가 출가하면 부처님이 될 것이요, 나라에 머물면 전륜성왕이 될 것입니다."

고타마 싯다르타는 전륜성왕이 되기를 바라는 아버지 정반왕의 바람을 뒤로 한 채 출가하여 부처님이 되었다.

또한 『금강경』에는 이런 말씀이 있다.

부처님이 말씀하셨다.
"32상을 보고 부처님을 볼 수 있는가?"
수보리 존자는 대답하였다.
"볼 수 있습니다."
이때 부처님은 이렇게 말씀하셨다.
"32상으로 여래를 볼 수 있다면, 전륜성왕도 곧 여래겠구나."

한편 『금강경』의 다른 부분에서는 같은 물음에 수보리 존자가 이렇게 답하였다.

"볼 수 없습니다. 왜냐하면 여래께서 말씀하신 32상은 상이 아니라 그 이름이 32상이기 때문입니다."

어려운 말씀이다. 말하자면 32상이란 실체로 있는 32상이 아니라 단지 32상이라 이름 붙여진 것뿐이라는 말이다. '드러난 모습에 속지 마라.'는 가르침으로 새길 수 있겠다.

만약 모습으로 나를 보려고 하거나
소리로써 나를 구하려고 한다면
이 사람은 그릇된 도를 행하니
여래를 볼 수 없느니라.
– 『금강경』

마음을 담아 불상을 조성하다

이러한 가르침에 따라 인도 땅에서는 부처님이 열반하신 후 500년 정도 불상을 모시지 않았다고 추정한다. 물론 그렇게 위대한 분을 우리 같은 인간의 모습으로 조성하는 것은 결례라는 인식도 있었다. 그래도 부처님에 대한 그리움, 가피에 대한 바람은 사람들 사이에서 계

진천 보탑사 적조전 앞
부처님 발자국.

영국박물관의 간다라 불상은
웨이브 파마머리다. ⓒ 송봉주

속 이어졌다. 그리하여 부처님 발자국, 보리수, 탑, 법륜 등으로 그 마음을 표현했다. 그런데 기원 전후 인도의 문화가 달라졌다. 다양한 조각상을 만들어낸 헬레니즘 문화가 들어오면서 인도 자체에서도 신상(神像)을 조성했다. 이에 따라 불교에서도 불상을 조성하기 시작하였다. 그런데 초기 모습은 지금 모습과 꽤 다르다. 특히 오늘날 대부분 불상은 나발(螺髮, 소라 모양처럼 머리카락이 말린 모습) 형태, 일명 '천년 파마' 모양이다. 그런데 초기 불상은 굵은 웨이브 파마머리가 특징이다. 이는 불상 조성 당시 가장 멋진 청년의 모습을 모델로 삼았기 때문이라고. 이후 점점 경전에 언급된 나발 형태로 바뀌었다.

그리고 불교가 세계로 전해지면서 불상은 지역과 시대에 따라 다른 모습을 띠게 된다. 가령 우리나라 등 북방 지역의 불상은 대부분 풍만한 모습이다. 반면 미얀마 등 남방 지역의 불상은 허리가 잘록한 경우가 많다. 왜 그럴까? 아마 풍만한 모습이 북방에서는 덕을 상징했지만, 남방의 더운 날씨에는 어울리지 않았기 때문 아닐까.

이처럼 지역과 시대에 따라 부처님상은 다른 모습으로 나툰다.

약사여래로 다가온 갓바위 부처님

불상 조성 당시 대중의 염원에 따라 조성된 부처님은 시간이 흐르면서 그 시대에 사는 대중의 염원에 따라 다른 이름으로 불리기도 한다.

대표적인 분이 바로 팔공산 갓바위 부처님이다. 지금은 약사여래불로 유명세를 떨치고 있지만, 50여 년 전에는 미륵부처님으로 알려져 있었다. 미륵부처님으로 알려진 분이 언제 무슨 계기로 약사여래불로 우리에게 다가왔는지는 모른다. 또 미륵부처님 이전에 또 다른 이름으로 대중들에게 자비를 베푸셨는지도 모를 일이다. 그리고 그 옛날 부처님을 조성한 대중들이 어떤 염원으로 어떤 부처님을 조성하였는지에 대한 명확한 기록이 없다. 시대를 지나면서 대중의 염원에 따라 어떤 때는 미륵부처님으로 불리다가, 어느 날 약사여래불로 다가오셨다.

약사여래불은 손에 약함을 들고 있다. 갓바위 부처님이 손에 무엇을 들고 있는지는 기도하는 위치에서는 보이지 않는다. 그런데 갓바위 부처님보다 높은 위치에서 찍은 사진을 보면, 손에 아주 조그마한 무언가를 들고 있는 듯하다. 그 조그마한 무언가를 약함이라고 보는 이가 있는 반면에, 손을 다소 거칠게 조성하다 보니 엄지손가락이 크게 보이는 것이라고 하는 이도 있다. 엄지손가락으로 보는 이 중에는 부처님이 노천에 계시다 보니 비와 눈에 엄지손가락이 퉁퉁 부은 것이라고 농을 한다. 하여튼 미륵부처님이었던 갓바위 부처님은 오늘날 약사여래불로 우리에게 와 계신다.

수업 중 어느 보살님(불교에서는 여성 신도를 '보살'이라고 부른다)이 물었다.

"교수님, 갓바위 부처님하고 수험생 가피도량하고 무슨 관련이 있습니까?"

갑작스러운 질문에 필자는 먹물 먹은 티를 내었다.

"예. 아마 갓바위 부처님이 약사여래불이니, 약사여래불의 12대원과 관련이 있지 않을까 합니다. 약사여래불의 12대원을 보면, 약사부처님은 중생들의 몸과 마음의 병을 고쳐주고 부처님의 지혜를 얻게 하고자 발원을 세웠는데, 그 부처님의 지혜가 바로 시험하고 관련이

미륵부처님이었다가 약사여래불이 된
갓바위 부처님.

있지 않겠습니까."

이 대답에 별 반응이 없었다. 그 순간 어느 보살님이 입을 열었다.

"교수님, 그게 아니고예. 부처님이 쓴 갓이 학사모 닮아서 그런 거 아임니까?"

순간 모든 대중은 박장대소를 하며 동의의 뜻을 밝혔다. 역시 대중의 감성이 묻어나는 이야기가 문화를 재미나고 풍부하게 만든다.

바꿀 수 없는 이름, 은진미륵

불보살의 명호가 언제 어떻게 변화했는지 모르지만, 대중의 염원은 강력하다. 한번 대중의 바람이 담긴 불보살의 명호는 쉽게 변하지 않는다.

필자가 경험한 대표적인 분이 논산 관촉사 은진미륵이다. 방금 '미륵'이라고 필자가 말할 정도로 그 불상은 우리에게 미륵불로 알려져 있다. 그런데 모양이 특이해서 미륵보살, 문수보살, 보현보살, 관음보살 등 여러 이름으로 불렸는데, 사실 관음보살로 보는 게 정설이라는 주장이다. 그러나 민초들은 대부분 미륵불로 받들었으며, 지금도 미륵불로 각인되어 있다.

이러한 내용을 바탕으로 10여 년 전 관촉사에 부임한 스님이 관음도량으로 사찰의 위상을 바꾸고자 불상을 관음보살로 모시려고

논산 관촉사 은진미륵.
미륵불이 아니라 관음보살로 보는 게 정설처럼 여겨졌지만.

하였다. 그러나 대중들의 호응이 그다지 없었던 모양이다. 지금도 관촉사 부처님 앞에는 미륵불을 모신 법당을 뜻하는 용화전이 자리하고 있다.

반가사유상의 이름은

이 땅에는 아직 이름이 불명확한 불보살상이 많다. 국보로 유명한 금동반가사유상도 그 가운데 하나다. 보통 미륵보살이라고 하지만, 정확한 명칭은 모른다. 단지 중국에 있는 미륵보살상과 같은 모습이라는 이유로 미륵보살이라는 명호가 널리 알려져 있을 뿐이다.

어떤 이는 석가모니부처님의 태자 시절인 싯다르타가 생각에 잠겨 있는 모습이라고 주장한다. 이 보살상이 모셔져 있는 국립중앙박물관에는 몇 년 전까지만 해도 싯다르타 태자라고 설명된 안내문이 걸려 있었다. 지금은 자리를 옮겨 '사유의 방'에 두 분의 반가사유상이 있다. 안내 가이드에는 이렇게 설명되어 있다.

> 석가모니는 태자 시절부터 인간의 생로병사를 깊이 고뇌했고, 출가를 결심하는 인생의 갈림길에서도 깊은 생각을 거듭했습니다. 반가사유상은 이처럼 깊은 생각에 빠진 석가모니의 모습이면서, 깨달음을 잠시 미루고 있는 수행자와 보살의 모습이기도 합니다.

국립중앙박물관에 소장된 반가사유상.

반가 자세를 한 서산 용현리 마애여래삼존상의 보살은
혹 관음보살은 아닐까.

그런데 필자는 신앙의 대상으로 태자의 모습을 조성하였을까 하는 의문을 가진다. 아마 이런저런 이유로 금동반가사유상을 누구라고 단정하여 이름 붙이지 못하나 보다. 혹 관세음보살은 아닐까 하는 조심스러운 상상도 한다. 고려시대 불화를 보면, 손은 얼굴에 올리고 있지 않지만 반가 자세를 한 관세음보살의 모습이 있기 때문이다. 어딘가 반가사유를 하는 관세음보살상이 나타난다면 대박일 텐데.

이런 맥락에서 서산에 있는 마애여래삼존상도 다시 생각해 볼 일이다. 학계에서는 부처님 왼쪽 반가상을 미륵보살로 보고 있는데, 혹 관세음보살로 볼 여지는 없을까. 전문가는 다양한 불보살상을 보고 많은 연구 결과를 통해 판단한다. 그분들의 판단을 존중한다. 그렇지만 가끔 대중들의 이야기도 보태져야 한다는 생각에 상상의 날개를 펼쳐 본다.

이야기에 이야기를 더하다

추상화는 어렵다. 무엇을 말하려고 하는지 도통 모르겠다. 사실 도
통 모르는 건 아니다. 나름 이런 것 아니겠는가 하는 생각은 든다. 그
런데 그러한 자기 나름의 생각을 표현하기 어렵다. 내 생각이 잘못되
었고, 그 작품은 무언가 고귀한 차원의 예술 세계를 표현하는 게 아
닐까 하는 선입견 때문이지 싶다. 그냥 나는 이렇게 생각한다고 하면
될 것인데 말이다.

그런데 30여 년 전 미술 전공자와 이야기를 나누고는 추상화에 조
금은 다가가게 되었다. 그는 이렇게 말하였다.

"추상화는 진행 중인 작품이다. 작가는 이런저런 생각으로 자기 생각을 작품에 나타낸다. 그런데 그것으로 끝난 것이 아니다. 그것을 보는 사람에 의해 재해석되고 또 다른 생각이 더해진다. 그렇게 작품은 계속 의미를 담고 창조되어 간다."

이런 이야기를 듣고 추상화에 대한 선입견이 다소 없어지기는 하였지만, 그래도 여전히 추상화는 어렵다. 하지만 사찰 속 성보에 대한 이런저런 이야기를 듣다 보면, 추상화에 대한 그 말이 조금은 이해된다. 추상화뿐만 아니라 모든 것은 '현재진행' 중이다. 이 땅을 살아가는 사람들에 의해서 말이다.

엉덩이가 멋진 부처님

필자의 졸저 『사찰, 어느 것도 그냥 있는 것은 아니다』의 '책을 펴내며'에는 이런 글이 있다.

아는 만큼 보인다고 합니다. 그러나 이 책을 통해 아는 것 너머를 볼 수 있는 힘이 조금이나마 생겼으면 합니다. 천안 각원사 청동대불을 돌아보고 어떤 보살님이 말했습니다. '저 부처님은 엉덩이가 제일 멋있어.'

엉덩이가 멋진 천안 각원사 청동대불.
엉덩이는 직접 가서 확인하시라.

'저 부처님은 엉덩이가 제일 멋있어.'라는 말은 수업 중 휴식 시간에 한 보살님이 한 말이다. 그 보살님에게 엄지손가락을 들어 보였다. 그러나 왜 부처님의 엉덩이가 제일 멋있게 보였는지는 따로 물어보지 않았다. 아마 아무도 할 수 없는 평이라는 생각에 감동을 받았기에 굳이 물어보지 않았던 것 같다.

충남 천안 각원사 청동대불은 앞쪽에서 다가가기보다는 뒤쪽에서 다가가 친견하는 동선을 주로 잡게 된다. 즉 대웅보전을 참배한 이들이 청동대불 뒤쪽으로 해서 앞으로 나아가 친견하는 구조다. 필자는 이러한 구조 속에서 그분의 생각에 상상을 더해 본다.

청동대불을 친견하는 보살님의 눈에 부처님의 엉덩이가 제일 먼저 들어온다. 첫눈에 보이는 부처님의 엉덩이에 보살님의 삶이 녹아든다. '저 부처님은 엉덩이가 제일 멋있어.' 그렇다면 보살님의 삶 속엔 어떤 이야기가 담겨 있을까? 이 글을 읽는 여러분이 상상해 보시라.

이렇듯 추상화든, 사찰에 모셔진 부처님이든, 대하는 이의 생각에 따라 새롭게 다가온다. 이것이 바로 스토리텔링이다. 스토리텔링이라고 하니 무언가 거창한 것 같지만, 이야기 만들기다. 생각해 보자. 이 땅의 어머니들은 이야기꾼이었다. 어릴 적 들었던 『콩쥐팥쥐전』이나 『심청전』은 어머니에게 들은 이야기가 다르고, 외할머니에게 들은 이야기가 달랐다. 뼈대는 비슷하지만.

얼굴만 씻는 부처님

우리나라에는 유명한 미륵사지가 두 군데 있다. 하나는 전북 익산에 있는 미륵사지이고, 또 하나는 충주 월악산 기슭에 있는 중원 미륵사지다. 익산 미륵사지는 목탑의 형태를 보이는 석탑이 있어 교과서에 실릴 만큼 유명하다. 중원 미륵사지는 그 정도까지는 아니지만 다채로운 이야기가 전한다. 대략 신라 말 고려 초에 창건되었다고 추정할 뿐 명확한 기록은 거의 없다. 시대 추정과 사찰의 위치 및 규모 등에 따라 여러 상상이 일어난다.

중원 미륵사지의 중심은 인공 석굴 가운데 있는 미륵불상이다. 석굴은 현재 지붕이 사라지고 미륵불상이 밖으로 드러난 상태의 법당이다. 대부분 불상이 남쪽을 바라보는 것과 달리 이 미륵불상은 북쪽을 바라보고 있다. 이런 배치로 인해 창건 배경에 대해 상상의 날개가 펼쳐진다.

중원 미륵사지에는 신라의 마지막 왕자인 마의태자와 관련된 전설이 가장 많이 알려져 있다. 마의태자가 나라 잃은 한을 품고 금강산으로 가는 도중 이곳에 석굴을 짓고 불상을 모셨다. 그리고 마의태자의 동생 덕주공주는 북쪽의 월악산 기슭에 덕주사를 세우고, 남향한 암벽에 마애불을 새겨 미륵사지 미륵불상과 마주 보게 하였다는 전설이다.

그런데 이 지역을 마의태자가 금강산 갈 때 지났을 가능성은 크지

중원 미륵사지 미륵불은 얼굴만 하얗고
목 아래는 검은빛이다.

• 둘로 나뉜 듯 보이지만 하나인 불상의 가슴 부분.

만, 이런 웅장한 절을 지을 만한 경제력에 대해서는 의문이 제기된
다. 이에 고려 초기, 고려가 후삼국을 통일한 후 북쪽에 있는 옛 고구
려 땅을 되찾겠다는 의지의 상징으로 세웠다는 주장도 있다. 이 지역
이 국방의 요지라는 지역적 특징 등을 근거로 한 추정이다. 누구의
말이 옳은지 모른다. 단지 미륵불상은 오늘도 북쪽 월악산 기슭을 바
라보고 있을 뿐이다.

그런데 미륵불상을 자세히 보면 얼굴만 하얗고 목 밑으로는 이끼
자국인지 검은빛이다. 마치 때가 온몸을 감싸고 있는 듯하다. 어떤
이는 말한다.

"중생을 보살피기 바빠서 얼굴만 씻고, 몸과 옷을 씻을 시간이 없기 때문이다."

참 신기하다. 어떻게 얼굴만 하얗지.

이런 상상을 어떤 전문가가 깨어 버린다. 부처님 머리에 쓴 갓을 보면 아래쪽 테두리 안에 홈이 있다. 빗물이 갓 안으로 타고 들어가지 않고 홈이 있는 부분에서 멈춰 아래로 떨어지게 된다. 그리하여 얼굴은 빗물로 인한 변화를 겪지 않고 하얗게 보인다는 설명이다. 맞는 말이기는 하지만, 가끔은 이런 전문가 이야기가 우리 삶을 무미건조하게 만든다.

어느 화가가 말하였다.

"전문적인 지식으로는 그럴지 모르겠지만, 예술의 세계는 작가에 의해 재규정된다."

하기는 이성만으로 살 수 없지 않은가. 인간에게는 감성도 있는 것이다.

그렇다면 하나 더 눈여겨보자. 미륵불의 가슴 윗부분과 아랫부분이 둘로 갈라져 있는 별도의 돌인 것 같지만, 자세히 보면 별도의 돌이 아니다. 오른손 부분이 위아래에 걸쳐 연결되어 있다. 둘로 나뉜 듯하지만 하나의 돌이다. 이 부분에 대해서는 아직 전문적인 지식을 접하지도, 감성 충만한 상상의 이야기도 듣지 못하였다. 여기에 어떤 이야기가 덧붙여질 수 있을까. 그러나 혹시 모른다. 필자가 모르는 이야기가 여기저기 회자되고 있는지는.

다양한 물건을 지닌 사천왕

사찰마다 다른 사천왕의 지물

조계사 일주문 옆 사찰안내소가 소란스럽다.

"왜 비파를 들고 있는 천왕이 북쪽 천왕입니까? 왜 한국 불교의 중심 사찰인 조계사에서 이런 엉터리 같은 명칭을 붙여 놓고 있습니까?"

불교문화에 관심 있는 방문객이 사찰안내소에 있는 봉사자에게 언성을 높이고 있다. 봉사자는 영문도 모르는 채 그 불만을 듣고만 있다. 가끔 조계사 일주문에서 일어나는 일이다. 그 연유는 이렇다.

사천왕은 원래 수미산 중턱에 걸친 사천왕천에 사는 천신(天神)이었지만, 부처님의 가르침에 감복하여 불법을 지키는 신장으로 거듭난 이들이다. 즉 호법신장(護法神將)이다. 호법신장은 불법[법(法)]을 지키는[호(護)] 신령스러운 힘을 가진[신(神)] 장수[장(將)]라는 뜻이다. 각각 동남서북을 지키는 사천왕은 지국천왕, 증장천왕. 광목천왕, 다문천왕이다. 이러한 사천왕은 각각 다양한 물건을 쥐고 있는데, 이를 지물(持物)이라 한다.

그런데 불교문화를 안내하는 책을 보면 지물에 대한 설명이 조금씩 다르다. 동남서북의 순서로, 어떤 책에는 비파, 검, 용과 여의주, 창과 탑을 제시하고, 어떤 책에는 검, 용과 여의주, 창과 탑, 비파의 순서로 제시한다. 물론 전자의 경우로 설명하는 경우가 많다.

따라서 전자의 견해에서 볼 때 조계사의 경우에는 북쪽 다문천왕이 비파를 들고 있으니, 틀렸다고 이야기할 수밖에. 그러나 후자의 견해에서 볼 때는 틀린 것이 아니다. 다른 책에는 이런 설명이 있다.

> 동쪽 지국천왕은 비파를 들고 있고 (중략) 북쪽 다문천왕은 탑을 들고 있다. 그런데 조선 후기에 들어 동쪽 지국천왕은 칼, (중략) 북쪽 다문천왕은 비파를 들고 있는 사찰이 등장하였다.

즉 조선 후기부터 비파를 든 북쪽 다문천왕이 보인다. 따라서 현재 사찰에 있는 사천왕의 지물을 보면 비파를 들고 있는 천왕이 동방 지국천왕인 경우도 있고, 북방 다문천왕인 경우도 있다. 경전마다 다른

지물이 등장하니, 어느 것이 맞다 틀리다 할 상황이 아니다.

『다라니경』 제11권(한글대장경257, 349쪽)에 의하면, 동남서북 각각 칼과 보배, 칼과 창, 창과 동아줄, 창과 불탑을 들고 있다. 『일자불정 륜왕경』 제1권(한글대장경197, 24쪽)에 의하면, 동남서북 각각 창, 창, 창과 금강저, 창과 금강저를 들고 있다.

이처럼 경전마다 내용이 다르므로 어떤 이는 사천왕을 조성한 당시의 시대적 상황에 따른다고 본다. 가령 평화로운 시기에는 악기류나 탑이나 보배 같은 것을, 힘든 시기에는 칼이나 창 등을 든다고 보는 견해다.

채소 바구니를 든 사천왕

이처럼 교과서와 달리 현장의 문화는 다양하다. 그 대표적인 예가 마곡사 사천왕의 경우다. 탑이 있어야 할 자리에 고추나 가지 비슷한 채소를 담은 바구니가 있다. 필자는 마곡사를 1년에 한 번 이상 꼭 다녀왔는데, 긴 세월 동안 탑 대신 채소 바구니를 든 사실을 알지 못하였다. 당연히 탑을 들고 있겠거니 하는 선입견으로 자세히 보지 않은 탓이다. 그러다가 불교 TV 방송을 촬영할 때, 사천왕에 대해 한 분 한 분 설명하는 도중 알게 되었다. 수업 시간에 선입견 없이 여유롭게 사찰을 참배하라고 학생들에게 당부해 놓고는 자신이 그런 오류

통도사의 동방 지국천왕과
남방 증장천왕.

통도사의 서방 광목천왕과
북방 다문천왕.

탑 대신 채소 바구니를 든
'마곡사 사천왕.

를 범하다니. 역시 중생임에 틀림없다.

그렇다면 마곡사 사천왕은 왜 채소 바구니를 들고 있을까?(물론 채소인지 과일인지, 채소라면 그 채소가 무엇인지 명확하지는 않다.) 조성 당시의 기록이 있으면 쉽게 알 수 있겠지만, 아직 필자는 그 기록을 보지 못하였다. 그렇다면 다양한 상상의 날개를 펼 수밖에. 채소는 식물이니, 생산을 상징하여 농사가 잘되기를 바라는 마음을 담은 것일까. 아니면 채식 생활하는 스님들을 상징하여 스님들을 지켜주고자 하는 염원을 담은 것일까. 아니면 아들을 낳고자 하는 염원으로 사천왕 불사에 동참한 시주자의 마음을 담았을까.

사찰 문화는 전통을 계승하기도 하지만 그 시대 문화와 접목하기도 한다. 따라서 오늘날 문화도 첨가될 수 있다. 필자가 확인해 보지는 않았지만, 해인사 어느 암자에 있는 탱화에는 휴대전화를 들고 있는 인물이 있다고 한다. 사실 여부를 떠나 재미있는 생각이다. 사천왕의 지물에도 현대 문화가 첨가될 수 있지 않을까. 앞서 누군가의 생각처럼 평화로운 시기에는 악기류가, 힘든 시기에는 무기류가 주류였다고 하듯이, 최첨단을 달리는 이 시대의 문명과 관련된 물건을 들고 있는 건 어떨까. 가령 스마트폰이나 전자 기타 등등.

굳이 현대 감각을 가미하지 않더라도 사찰마다 다양한 물건을 든 사천왕이 있다면 어떨까. 사찰을 찾아갈 때 사천왕을 다시 살펴보는 재미도 있을 것이다. 이 절의 사천왕은 무엇을 들고 있을까 하는 호기심이랄까. 보통 사천왕은 무섭다고 하는데, 그 무서움이 반감될 듯

•
커다란 비파를 들고 즐겁게 웃고 있는
선운사 사천왕.

싶다. 호법신장이라고 해서 반드시 무서워야 할 필요는 없지 않은가.
가령 고창 선운사 사천왕처럼 정겨운 모습도 있으니 말이다.

배불뚝이 신장, 슬픈 눈의 사천왕

배불뚝이 신장

사찰에는 사천왕 등 여러 호법신장이 있다. 불법 수호의 임무를 맡은 신장이기에 다소 엄한 모습과 건강한 신체를 가진다. 왕(王) 자가 새겨진 신장의 배를 보면, 요즘 말로 하면 초콜릿 복근을 한 '몸짱'이다. 복부가 풍만한 사람이 신장 앞에 서면 은근히 숨을 들이마시고 참아야 할 판이다.

그런데 서울 동묘 근처 안양암 명부전에는 배불뚝이 신장이 있다. 그냥 배불뚝이가 아니라 임신 9개월쯤 된 듯한 'D 라인' 몸매다. 배불뚝이가 무슨 자랑인지 어깨만 감싼 옷을 입은 채 배를 당당하게 드

임신부처럼 'D 라인'을 자랑하는
안양암 명부전의 신장.

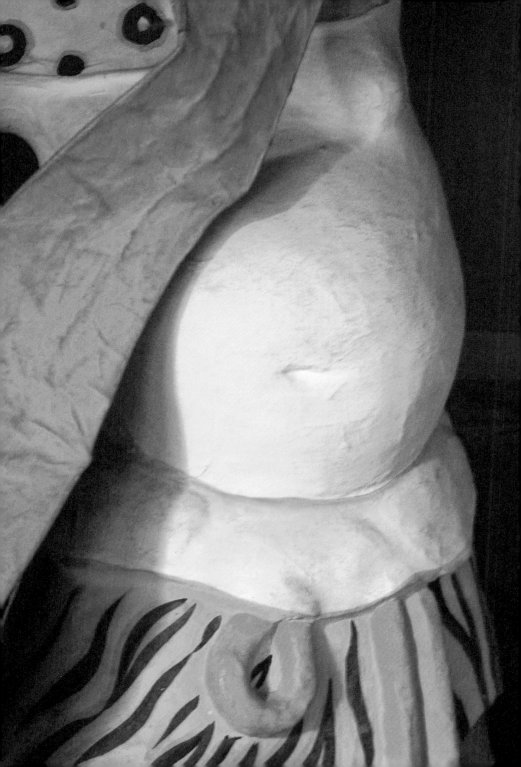

러내고 있다. 법당 안이라 조심스러워야 함에도 절로 웃음이 나온다. 그렇다면 왜 안양암 명부전에는 배불뚝이 신장을 모신 것일까?

명부(冥府)는 저승을 말한다. 우리는 죽은 뒤 바로 극락에 가거나, 아니면 명부에 머문다. 명부에 머물면서 다음 생을 결정하는 재판을 받는다. 명부에서 변호사 역할을 하는 분이 지장보살이고, 재판관 역할을 하는 분이 염라대왕을 비롯한 열 분의 왕[시왕(十王)]이다. 이에 명부전을 지장전 또는 시왕전이라고도 한다. 명부전은 다음 생을 위해 재판을 받는 곳이니, 명부전 신장은 오늘날 법정 정돈 등의 임무를 맡은 법정 경위 역할이라고 해야 하나.

따라서 명부전은 돌아가신 분을 위한 공간으로 주로 사용된다. 다소 슬픔이 묻어나는 공간이다. 그 공간에서 이별의 아픔을 안고 있는 이들이 지장보살에게 기도를 올린다. 그러니 그들의 몸과 마음은 슬픔으로 굳어 있을 것이다. 이에 배불뚝이 신장을 보고서 잠시나마 몸과 마음의 긴장을 풀고 슬픔을 내려놓으라는 사찰의 배려가 아닌가 싶다.

사찰은 자비를 실천하는 공간이다. 조건 없는 자비로 중생들을 안아 주는 공간이다. 이러한 자비를 무연자비(無緣慈悲)라고 한다. 무연은 조건[연(緣)]이 없다[무(無)]는 뜻이니, 차별을 두지 않는다는 의미다. 자비에서 자(慈)는 사랑이라는 뜻이다. 상대방이 너무도 예뻐 보이고 사랑스러워 즐거움을 주고자 한다는[여락(與樂)] 의미다. 비(悲)는 연민이라는 뜻이다. 상대방이 너무도 가여워서 그들의 괴로움을 뽑아 없애고자 한다는[발고(拔苦)] 의미다. 여락발고(與樂拔苦)가 바로 자비의 뜻이다. 중생들에게 즐거움을 주고 괴로움을 없애고자 하는 끝없는 불보살의 마음은 사찰 곳곳에 담겨 있다.

슬픈 눈의 사천왕

작고한 최명희의 대하소설『혼불』제9권에 묘사된 사천왕을 통해서도 진한 여락발고의 마음을 읽을 수 있다.『혼불』제9권 가운데 3분의 2 분량이 사천왕 내용이다. 그 가운데 경기도 안성 칠장사 사천왕의 눈 부분에 대한 묘사는 절로 감탄을 자아낸다. 작가가 본 사천왕 중에서 가장 슬픈 얼굴은 경기도 칠장사 사천왕 존안이라고 한다. 그리고 참 이상하게도 한번 본 눈빛이 깊이 남아 잊히지 않는다고 한다.

왜 그럴까. 작가는 사천왕상의 눈동자에 주목하였다. 아무리 부리부리 부릅뜬 사천왕의 눈이라도 흰 눈자위에 검은 눈동자 모습인데, 칠장사 사천왕의 눈은 거꾸로 새까만 눈자위에 흰 고리눈이다. 흰색이 아니라 검은색 눈자위다. 작가는 검은 눈자위가 신비롭고 무궁한 우주의 광막한 어둠 같기도 하고, 반면에 무명의 깊은 바다 같기도 하다고 느꼈다. 여인의 말하지 못할 고통과 비애를 다 빨아들이고도 남는다고 보았다. 슬픔에 공감하는 모습으로 다가왔다.

칠장사 사천왕의 눈 색깔을 주목해 보시라.

• 칠장사 명부전에 그려진 임꺽정 벽화.

작가의 섬세한 관찰에 감탄하며 찬탄을 보낸다. 이러한 요약이 오
히려 작가에게 결례가 되지 않을까 미안할 정도다. 여하튼 작가는 어
떻게 사천왕의 눈을 그렇게 자세히 살펴보았을까. 물론 책 3분의 2
분량을 사천왕 내용으로 채웠을 정도이니, 그 정도 관찰쯤이야. 그래
도 대단하다.

작가는 그 눈에서 슬픔을 읽었다. 그것은 이 땅을 살아가는 중생의
슬픔이자, 가엾은 중생을 위해 사천왕으로 화현한 불보살의 연민이
드러난 것이다.

'내, 다 안다……. 내, 다 안다…….'

중생에 대한 슬픔과 불보살의 연민은 이 문장에서 그대로 느껴진다. 얼마나 따뜻하고 눈물 나는 말인가.

'내, 다 안다……. 내, 다 안다…….'

사족으로 이야기하자면, 작가는 왜 슬픔으로 읽었을까. 그것은 칠장사의 역사와 관계있지 않을까. 『임꺽정』에서 칠장사는 꺽정이 스승 병해대사(갖바치 스님)를 만나 이봉학 등과 의형제를 맺은 장소로 등장한다. 칠장사에는 그 흔적들이 있다. 그 가운데 하나, 극락전에는 임꺽정이 모셨다고 하는 '꺽정불'이 있고, 명부전 벽면에는 임꺽정과 그의 의형제 그림이 근래 그려졌다. 이처럼 그들의 역사가 남아 칠장사 사천왕의 눈이 슬프게 느껴진 것 건 아닐까. 그리고 궁예 역시 칠장사와 인연이 있어 벽면에 그려져 있다. 그의 삶 역시 우리 역사와 더불어 순탄치 않았으니, 이래저래 칠장사는 슬픈 역사를 간직한 공간이다.

'내, 다 안다……. 내, 다 안다…….'

입을 벌린 금강역사, 입을 다문 금강역사

금강문 등에 자리한 금강역사는 보통 두 분이 양쪽으로 위치한다. 한 분은 나라연금강이라 하고, 한 분은 밀적금강이라 한다.

나라연금강은 코끼리 100만 마리나 되는 힘을 가지고 있으며, '아' 하고 입을 벌리고 있다. 그래서 아금강역사라고도 부른다. 밀적금강은 항상 부처님을 호위하는 야차신의 우두머리로서 '훔' 하고 입을 다물고 있다. 그래서 훔금강역사라고도 부른다. '밀적'은 비밀스러운 부처님의 행적을 듣고자 원을 세웠다는 뜻이다.

여기서 '아'는 우주의 첫소리, 우주가 열리는 소리를 나타내며, '훔'

은 우주의 끝소리, 우주가 닫히는 소리다. '아'와 '훔'을 합치면, '옴'이라는 소리가 된다. 따라서 '옴 수리수리사바하', '옴마니반메훔' 등 진언 앞에 있는 '옴'이라는 소리는 우주의 처음과 끝, 우주의 모든 것을 아우르는 소리다.

그렇다면 왜 진언 앞에 '옴'이라는 말을 두는가. 혹시 이런 바람 때문은 아닐까. '나의 이 기도에 우주 가득한 모든 불보살님이 함께해주시기를', '나의 이 기도로 우주 가득한 모든 중생에게 불보살님의 가피가 함께하기를' 등등.

눈썰미 있는 이는 궁궐의 계단 양쪽에 선 사자 얼굴에서도 다른 점을 발견한다. 한 사자는 입을 벌리고 있고, 한 사자는 입을 다물고 있다. 이 역시 불교문화의 영향이라 볼 수 있다. 법주사에 있는 쌍사자석등에서 석등을 받치고 있는 두 사자 역시 입을 벌리고 다물고 있다.

보통 법당에 있는 부처님의 위치에서 볼 때 왼쪽에 있는 역사가 입을 벌리고 있고, 오른쪽에 있는 역사가 다물고 있지만, 반드시 그런 건 아니다. 경주 석굴암에 있는 금강역사가 그렇고, 앞서 언급한 법주사 쌍사자석등의 사자가 그렇다.

이렇듯 신장의 입 모양에도 가르침이 있다. 사찰에 있는 모든 것이 가르침을 준다. 사천왕의 얼굴 역시 천왕마다 다르다. 동방 지국천왕은 청색, 남방 증장천왕은 적색, 서방 광목천왕은 백색, 북방 다문천왕은 흑색이다. 각각 목(木, 봄), 화(火, 여름), 금(金, 가을), 수(水, 겨울)에 해당한다. 물론 지물이나 색깔 등을 명확하게 모두 표현한 사천왕은

입을 다물고 있는 삼천사의 금강역사.

많지 않다. 비슷하게 나타내고 있을 뿐이다. 이는 동양의 오행 사상을 담고 있다. 그렇다면 오행 중 토(土)는 어디에 있을까? 토는 순리대로 돌아가도록 조화를 이루는 작용을 하며, 중도의 덕을 상징한다. 황색이 바로 토에 해당한다. 토에 해당하는 황색, 즉 황금색으로 나타난 분이 바로 법당에 계신 부처님이다.

사천왕이 발을 든 이유는?

사찰의 가르침에는 어떤 경우 당대의 사상이나 철학이 담겨 있고, 어떤 경우 민초들의 소박한 마음이 담겨 있다.

　사천왕의 발을 보면 한쪽 발을 들고 있거나, 혹은 어떤 중생을 밟고 있는 경우가 대부분이다. 사천왕이 발을 들고 있는 이유에 대해 믿거나 말거나 이야기가 전한다.

　　어느 날 사천왕문 청소 소임을 맡은 이가 천왕의 발 때문에 제대로 청소하기가 힘들었다. 이에 사천왕에게 발 좀 들어보라고 하였다. 사천왕이 발을 들어 청소를 마무리하였는데, 문제는 이후 발을 내리라는 말을 하지 않았기 때문에 계속해서 발을 들고 있게 되었다.

　이 이야기는 중국 역사와 연결되어 중국 영은사에도 비슷하게 전

법주사 쌍사자석등.
두 사자가 입을 벌리고 다물고 있다.

장성 백양사의 사천왕들. 오행 사상에 따라 얼굴색도 제각각이다.

해진다.

명나라를 세운 주원장은 어려서 너무 가난해 영은사에서 동자승으로 자랐다. 그는 천왕전 청소 소임을 맡았다. 어느 날 빗자루로 사천왕을 톡톡 치면서 발 좀 들어보라고 하였다. 사천왕은 동자승의 호기에 어이없기도 하고, 범상치 않은 인물됨에 기가 눌려 얼떨결에 발을 들었다. 청소를 마친 동자승은 '발을 내려도 좋다.'는 말을 하지 않은 채 가버렸다. 이에 아직도 발을 내리지 못하고 있다.

어느 이야기가 원형인지 모른다. 그리고 발을 든 사천왕을 조성한 정확한 이유는 아직 듣지 못하였다. 나름대로 변형을 주고자 발을 든 사천왕을 조성하였는데, 민초들이 그 모습에 이야기를 덧붙였을 가능성이 크다. 민초들의 마음은 비슷하기에 사천왕의 발 모습을 보고 각각의 이야기를 만들어 냈을 것이다.

사천왕이 든 발과 그런 이야기를 연결한 이유는 무엇일까. 혹 뒷감당을 하지 않은 이들을 풍자하기 위해 만든 이야기는 아닐까. 을에게 일만 잘 시키면서 마무리를 책임지지 않는 갑에 대한 비판이 이야기 속에 깔린 건 아닐까. 혹 웃자고 하는 이야기에 필자가 너무 과한 해석을 하는지도 모르겠다. 요즘 말로 예능을 다큐로 받았는지도.

개인의 사사로운 감정을 넘어 사회의 부조리를 담은 민초들의 마음은 사천왕 발밑에 깔린 여러 중생의 모습에서 더욱 잘 나타난다.

발을 든 마곡사 사천왕. 사천왕의 발을 내려줄 사람은 누구일까.

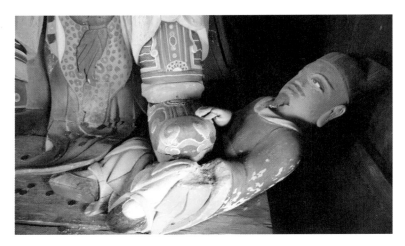

• 탐관오리를 밟고 있는 낙산사 사천왕의 발밑.

불교 경전에 등장하는 마구니(악귀)뿐만 아니라 탐관오리(낙산사 사천왕), 청나라 군사(마곡사 사천왕), 왜나라 군사(불국사 사천왕), 음탕한 여인(선운사 사천왕) 등 우리 삶과 연관된 이들이 사천왕의 발밑에서 고통을 호소하고 있다. 여기에는 이야기를 덧붙이는 이들뿐만 아니라 본래 사천왕을 조성한 이들의 마음도, 그 시대의 상황도 고스란히 담겨 있다.

우리는 발밑에 깔린 그들이 미래 자신의 모습이 아니기를 기원하며, 오늘도 사천왕문을 조심스럽게 지나간다.

도난당한 불화

불교문화에 관한 책을 보면, 가끔 영산전의 다른 이름으로 팔상전이라는 이름을 사용하는 경우가 있다. 필자 역시 그렇게 알고 책에 썼다. 그런데 많은 사찰을 다녀보면서 영산전은 팔상전보다는 나한전에 가깝다는 생각이 든다. 법당 내부를 보면 영산전과 팔상전은 대부분 다른 모습이다. 반대로 영산전과 나한전은 닮아 있다. 특히 고창 선운사처럼 팔상전과 영산전이 별도로 있는 사찰도 있다.

영산전은 석가모니부처님이 영축산에서 법을 설하는 장면을 재현한 법당이다. 따라서 보통 영산전 불단에는 석가모니부처님 좌우로 부처님의 제자들이 자리한다. 나한전은 부처님의 제자 아라한을 모신 법당이다. 아라한은 부처님 제자로서 깨달음을 얻은 성인을 말한다. 그러므로 나한전 역시 보통 석가모니부처님 좌우로 부처님의 제자들이 자리한다. 반면 팔상전은 팔상도를 모신 법당이다. 팔상도는 부처님의 일대기를 여덟 장면으로 나타낸 그림을 뜻한다.

그렇다면 왜 영산전의 다른 이름을 팔상전이라고 설명하는가. 그것은 양산 통도사 영산전 때문이 아닌가 싶다. 통도사 영산전 벽면에는 부처님의 제자들 대신 팔상도가 자리한다. 필자가 다녀본 다른 절의 영산전에 팔상도가 있는 경우는 아직 보지 못하였다. (혹 기억이 없기 때문인지도 모르지만 말이다.)

사실 오늘 이야기는 법당을 구별하는 이야기가 아니다. 부끄러운 이야기이기에 그와 관련된 장소를 언급하며 이야기를 풀어 가고자 한다. 통도사 영산전에 있는 팔상도는 예부터 내려오던 진품이 아니다. 진품은 성보박물관에 있다. 오늘날 대부분의 사찰 탱화 역시 마찬가지다. 자세히 다가가서 보면 진품 대신 사진으로 법당 내부를 장식하고 있다. 밤손님 때문이다.

통도사에 계셨던 스님에게 필자가 직접 들은 이야기다. 스님의 이력을 볼 때 50년 전 무렵 이야기이리라.

어느 날 스님이 새벽 예불을 하러 영산전에 들어가니, 법당 벽면을 장엄하던 팔상도가 보이지 않았다. 예리한 칼로 자른 흔적만 남아 있었다. 밤손님이 다녀간 모양이다. 순간 스님은 밤손님이 멀리는 못 가고 마을에서 첫차가 출발하길 기다릴 것이라는 생각이 들었다. 그때는 개인 소유의 차가 드물었다. 차 자체가 많지 않았을 때다. 스님은 바로 마을로 내려갔다. 아직 첫차는 출발하지 않고 있었다. 버스에 올라탄 스님은 여기저기 살펴보았다. 다행히도 선반 위에 팔상도가 둘둘 말린 채 놓여 있었다. 스님의 빠른 조치 덕분에 팔상도를 다시 찾아올 수 있었다.

신앙의 대상이자 가르침의 상징을 돈으로 계산하는 밤손님의 욕심 때문에 사찰은 지금도 수난을 당하고 있다. 가령 전남 순천 송광사 국사전에 모신 열여섯 스님의 진영 중에서 열세 분의 진영이 1995년 모두 도난당하였다. 어디 있는지 아직도 모른다. 통도사 팔상도는 다행히 되찾았지만 아직도 어디 있는지 모르는, 도난당한 성스러운 보물이 많다.

돌아온 부처님 사리

도난 성보 중 부처님의 가피로 다시 절로 돌아온 경우도 있다. 강원도 고성 건봉사 부처님 진신사리 도난 이야기는 참으로 신기하다. 참고로 건봉사 부처님 진신사리는 임진왜란 이후 사명대사가 모셨다

팔상도가 그려진 양산 통도사 영산전.

도둑맞을 뻔한 영산전 팔상도. 원본은 성보박물관에, 지금은 다시 그린 것이다.

고 한다. 원래 통도사 금강계단에 모셨던 사리를 왜구가 일본으로 약
탈해 갔는데, 이후 동래 선비 옥백거사와 사명대사가 다시 찾아와 통
도사, 건봉사 등에 모시게 되었다. 참고로 왜구로부터 다시 찾은 사
리를 통도사와 건봉사에 모신 경위에 대해 각 사찰에 전해지는 이야
기는 다소 차이가 있다.

1986년 봄 대한불교조계종 총무원에 근무하는 직원의 꿈에 부처님이
나타나 건봉사에 모셔진 사리를 누가 훔쳐 갔다고 알려 주었다. 그 직
원은 전국 3,000여 사찰을 꿰고 있어, 어느 절에 어떤 부처님이 봉안
되어 있는지, 어느 사찰이 한국전쟁 때 소실되었는지까지 훤하게 알
고 있었다. 너무나 생생한 꿈이 이상하여 다음날 건봉사를 찾아갔다.
아니나 다를까 사리탑이 훼손되고 주변이 엉망인 상태였다. 급하게
주변을 수습하고 상경한 그는 문화재사범 단속반에 신고하였다.
한 달 후, 수사가 진행되고 있던 어느 날 단속반에 전화가 걸려 왔다.
'건봉사 도난 사리가 서울 봉천동 서울대 입구에 있는 어떤 호텔 안내
소에 있으니, 강원도 신흥사 모 스님이 맡겨둔 약봉지를 달라고 하면
사리가 든 봉투를 돌려줄 것이다.'라고 하였다. 설마 하는 마음에 알려
준 호텔로 달려가 시키는 대로 했더니, 호텔 종업원이 꼼꼼하게 포장
된 누런 꾸러미 하나를 내밀었다. 하지만 귀중한 신앙의 대상인 사리
를 함부로 열어 볼 수 없었기에 대한불교조계종 총무원의 한 스님에
게 연락하였다. 이윽고 스님들이 도착한 뒤 불교 의식에 따라 꾸러미

부처님 진신사리를 모신
고성 건봉사 적멸보궁 사리탑.

를 열어 보니 사리함 속에 사리가 모셔져 있었다.

이후 수사가 진행되어 결국 범인 네 명이 체포되었다. 범인들은 사리를 돌려준 이유를 진술하였다. 꿈속에 부처님이 나타나 사리를 돌려주라며 계속 꾸짖었고, 부처님의 계속된 꾸짖음에 돌려줄 결심을 하고 호텔에 맡겼다는 것이다. 전문 도굴꾼인 주범은 10년 형을 받고 복역 중 모범수로 5년을 살다 출소하였다. 이후 그 사건을 계기로 마음을 잡고 식당을 운영하며 산다고 한다.

직원의 꿈 이야기도 신기하고, 도굴범의 꿈 이야기도 기이하다. 이 또한 부처님의 가피라고 해야 하지 않을까. 평생 도굴 같은 나쁜 짓을 할 사람이 이 사건을 계기로 새 삶을 살고 있으니 말이다. 반면 꿈속에 나타난 부처님의 말씀을 무시하다 결국 패가망신한 이도 있었다.

고향으로 보내 달라 말한 지장보살상

고창 선운사에는 다른 사찰에서 보기 힘든 이름의 법당이 있다. 바로
지장보궁이다. 지장보살을 모신 법당이다. 보통 지장보살을 모신 법
당을 '지장전', '명부전'이라 한다. 그런데 지장보궁이라니, 너무도 큰
이름이다.

　궁궐 건물에도 서열이 있다. 건물 구조와 용도, 거주자 지위에 따
라 전, 당, 합, 각, 재, 헌, 루, 정 등으로 구분한다. 전(殿)은 가장 중요
한 건물로 크기도 가장 크고 화려하다. 주로 왕이 쓰는 건물 중 공적
인 업무에 사용되었다. 당(堂)은 전에 비해 크기나 화려함에서 뒤지

지 않으나 한 단계 낮은 등급의 건물로, 주로 왕이 일상 업무를 보거나 생활하는 공간이다. 각(閣)은 규모가 전이나 당보다 작으며, 전이나 당의 부속 건물로 사용되었다.

사찰에서도 마찬가지다. '대웅전', '관음전', '지장전'처럼 불교 고유의 교리와 신앙에 따라 부처님과 보살 등을 모시면 '전(殿)'이라 하고, '칠성각', '산신각', '삼성각'처럼 민간신앙 등을 받아들인 경우 '각(閣)'이라 한다. 물론 반드시 그런 건 아니다. 예를 들면 '산신전'이라는 현판을 단 법당도 있다. 원칙이 있으면 가끔 예외도 있는 법이다.

사찰에서는 부처님 사리를 모신 '적멸보궁'처럼, 전(殿)보다 격을 높인 보궁(寶宮)이 있다. 그런데 고창 선운사에서는 지장전이라 하지 않고 지장보궁이라고 하니, 지장보살에 대한 선운사 대중의 믿음과 존경이 어느 정도인지 짐작할 수 있다. 아마 신통한 능력 이야기도 한몫하였을 것이다.

선운사 지장보궁에 모신 지장보살은 성종 7년(1476)에 높이 1미터의 금동좌상으로 조성되었다. 선운사가 모두 불에 탄 정유재란 때도 지장보살상은 화를 면해 현재 보물로 지정되어 있다. 일제강점기 때 일본인이 이 보살상을 훔쳐 갔는데, 이를 되찾아 다시 선운사에 모셨다. 그 사연이 이렇다.

1936년 여름, 일본인 두 명이 한국인 도굴범과 함께 선운사 금동지장보살좌상을 훔쳤다. 그리고 훔친 지장보살상을 거액을 받고 일본으로

일본으로 도난당하였다가 돌아온
선운사 지장보궁 금동지장보살좌상.

팔아넘겼다. 그런데 이때부터 지장보살은 신비로운 모습을 보여주기 시작하였다. 지장보살상을 산 일본인의 꿈에 그 지장보살상과 똑같은 지장보살이 나타나 말하였다.

"나는 본래 전라도 고창 도솔산에 있었다. 하루빨리 그곳으로 돌려보내 달라."

그 일본인은 이상한 꿈이라며 대수롭지 않게 여겼다. 그러나 지장보살이 꿈에 계속 나타나고, 이후로 병이 들고 가세가 기울자 꺼림칙한 마음에 지장보살상을 다른 이에게 넘겼다.

소장자가 바뀌어도 꿈은 계속되었다. 지장보살은 하루도 거르지 않고 꿈에 나타나 고향 도솔산을 이야기하며 돌려보내기를 요구하였다. 그 역시 이를 무시하였으나 집안에 우환이 끊이지 않았다. 지장보살상은 다시 다른 사람에게 넘어갔다. 하지만 상황은 매번 반복되었다. 그러는 가운데 소문이 퍼져 나가 널리 알려지게 되었다.

그러자 마지막 소장자는 이러한 사실을 고창경찰서에 신고하고는 모셔갈 것을 부탁하기에 이르렀다. 이에 1938년 11월 당시 선운사 스님과 경찰이 일본으로 건너가 보살상을 모셔 왔다. 이리하여 지장보살은 마침내 고향으로 돌아올 수 있었다.

이렇게 돌아온 지장보살상은 한때 대웅보전 옆 조그마한 법당에 계시다가, 2013년 이후 지장보궁이라는 큰 법당에서 중생들의 기도에 응답하고 계신다.

자비란 모든 걸 받아 주는 게 아니다

그런데 문득 이런 생각이 든다. 아무리 그렇다 하더라도 보살이신데, 중생들을 그렇게 아프고 힘들게까지 해야 하나 싶은 생각이다. 물론 지장보살이 어리석은 중생의 욕망을 경계하고자 그렇게 하였다고 풀이하지만 말이다. 한편 다른 생각으로, 그렇게라도 하지 않으면 제도할 수 없는 중생이었나 하는 생각도 든다. 자비란 단순히 '오냐 오냐' 하며 모든 걸 받아 주는 것은 아니기 때문이다.

관세음보살상을 보면 머리 부분에 여러 면의 얼굴을 한 보살이 있다. 십일면관세음보살이다. 본 얼굴을 포함하여 십일면인 경우도 있고, 본 얼굴을 제외하고 십일면인 경우도 있다. 그런데 그 모습이 다양하다. 큰소리를 내면서 호탕하게 웃는 모습이나 부드러운 모습이 있는가 하면, 성난 모습도 있다. 이는 자비심으로 다가가는 다양한 방편을 보여 준다.

말하자면 부드럽게 대할 중생에게는 부드러운 모습으로, 엄하게 꾸짖어야 할 중생에게는 엄한 모습으로 다가간다. 위험한 물건을 가지고 노는 어린아이에게 부드러운 말로 '그러면 안 돼.'라고 할 수도 있지만, 어떤 경우 따끔하게 '이놈! 그거 내려놓지 못해!'라고 할 수도 있다. 그래서 자비에는 지혜가 함께한다. 적절한 방편을 사용하도록 판단할 수 있는 지혜 말이다.

2013년 전북 진안 탑사의 불상을 훔쳐 놓고서 "사업에 실패하고

다양한 표정이 드러나는
해동 용궁사의 십일면관세음보살.

되는 일도 없던 차에 기가 센 탑사에 봉안된 불상을 모셔 오면 하는 일이 잘될 것 같아 순간 욕심을 부렸다."라고 말한 중생에게 보살은 어떤 얼굴로 자비를 베풀까? 한편으로 궁금하다.

마을로 가신 천불전 부처님

이 땅의 어머니들은 정화수 한 그릇이라도 정성스럽게 올리고 기도를 드렸다. 천지신명에게 기원하든, 조왕신에게 기원하든, 부처님께 기원하든, 정화수 한 그릇은 그분에게 올리는 정성이자 보이지 않는 그분을 대신하는 것이었다.

보이지 않는 대상을 향해 막연히 기도하기보다 눈에 보이는 대상이 있다면 '기도 빨'이 더 있다고 생각하는 것이 간절한 중생 마음이다. 처음 불상을 모실 때도 그러한 마음이 한 역할을 하였으리라.

전남 구례 화엄사 산내 암자 구층암 천불보전 이야기다. 혹 화엄사에 갈 일이 있으면 대웅전 뒤로 도보 5분 거리에 있는 구층암에 꼭 찾아가 보기를 권한다. 구층암 천불보전에 모신 불상은 여러 세월 동안 한 분 한 분 사라졌다. 그리하여 1981년 암주 스님은 부족한 불상을 다시 조성하여 천불을 모셨다. 그 사라진 불상에 대한 사연 중 하나는 이렇다.

먼 옛날 암주 스님이 예불을 끝내고 법당 부처님을 살펴보는데, 부처님 한 분이 보이지 않았다. 불상을 도난당하였다는 생각에 108배로 부처님을 지키지 못한 허물을 참회하였다. 그러나 그 뒤로도 한 분씩 보이지 않을 때가 있었다. 보통 일이 아니라고 여긴 스님은 범인을 잡기 위해 법당을 주시하고 있었다.

어느 날 어린아이가 천불전에 들어가더니 옷 안에 불상을 숨기고 나왔다. 스님은 아이를 붙잡고 야단을 쳤다.

"이놈아, 어찌 법당에 계신 부처님을 훔쳐 가느냐."

아이는 말하였다.

"부모님이 아프십니다. 그런데 집이 멀어서 매일 부처님에게 올 수가 없습니다. 그래서 부처님을 집에 모시고 병이 낫게 해 달라고 기도드리려고 그랬습니다. 부처님은 중생과 함께하신다고 하면서, 왜 우리 집에는 안 오시는지. 법당에 부처님은 저렇게 많이 계시는데."

스님은 한 방 맞은 느낌이었다.

"그래 맞다. 부처님은 중생과 함께하며 제도하시지. 법당에 저렇게 많은 부처님이 계시는데, 몇 분 부처님이 계시지 않은들 무슨 일이 있겠는가."

스님은 불상을 예쁜 나무 상자에 모셨다. 그리고 아이와 함께 법당에 들어가 불단에 상자를 올려놓고 삼배를 드렸다.

"천 분의 부처님이시여! 오늘 한 분의 부처님께서 중생 제도하려 마을로 내려가십니다."

스님은 아이에게 기도 열심히 하라는 말과 함께 불상을 모신 상자를 건네주었다. 아이는 감사 인사를 드리고 마을로 내려갔다. 그 후에도 스님은 부처님이 사라진 빈자리를 보게 되면 도난당하였다고 생각하지 않고 합장하며 말하였다.

"오늘도 부처님이 중생 제도하시려고 마을로 가셨구나. 언제쯤 태평성대가 오려나. 그때는 부처님께서 마을로 안 가시겠지."

암주 스님이 바뀌면서 후임 암주 스님에게 사연이 전해졌다. 세상사 흐름에 따라 불상은 없어졌다가 한동안 잠잠하고, 또 없어졌다가 잠잠하기를 반복하였다.

바느질하다 손가락을 찌른 부처님

그래도 법당에 계신 부처님이 마을로 내려간 이야기의 백미는 철원 도피안사 부처님 이야기 아닐까. 도피안사 부처님은 신라 경문왕

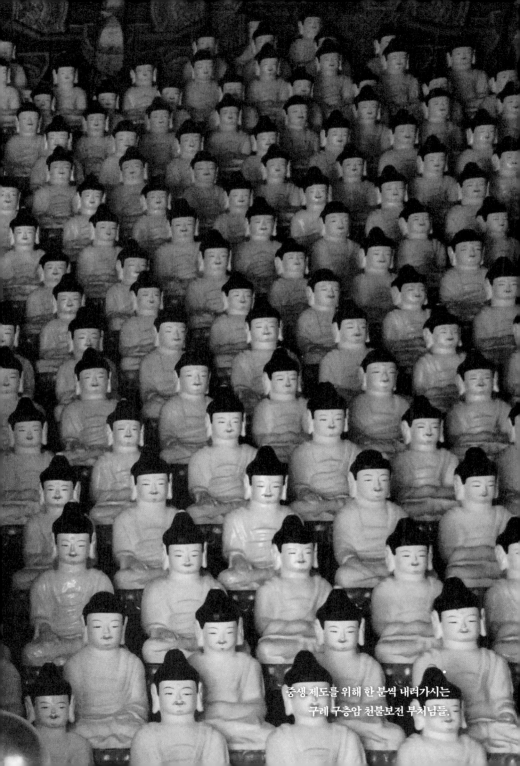

중생 제도를 위해 한 분씩 내려가시는
구례 구층암 천불보전 부처님들.

(861~875) 때 모셔진 철로 된 불상이다. 이 부처님은 등장부터 재미 있다.

　도선국사는 불상을 조성하여 철원의 안양사에 봉안하려고 하였다. 그런데 안양사로 모시고 가는 도중 불상이 사라졌다. 여기저기 찾아다니다 보니 지금의 도피안사 자리에 자리하고 계셨다. 그리하여 그 자리에 절을 창건하고 불상을 모시게 되었다.

　현재 도피안사 부처님은 비로자나부처님이다. 비로자나부처님의 손 모양은 지권인(智拳印)이다. 지권인은 모든 번뇌를 없애고 부처님의 지혜를 얻는다는 뜻이다. 보통 왼쪽 검지를 오른쪽 엄지와 아래위로 마주하면서 오른쪽 전체로 두 손가락을 감싸는 모습이다. 이는 중생과 부처님, 미혹함과 깨달음이 본래 하나라는 뜻이다. 그런데 처음 도피안사 부처님의 손 모양이 지금과는 달랐다는 이야기가 전한다.

　어느 해 철원에 큰 홍수가 나서 논과 밭은 물론이고 마을마저 물에 잠겼다. 사람들은 산 중턱으로 피해 움막을 짓고 물이 빠지기만을 기다렸다. 그 무렵 도피안사에 이상한 일이 생겼다. 밤마다 부처님이 마실을 나가셨다. 어느 날 이 사실을 알게 된 주지 스님은 부처님이 어디 가시는지 몰래 뒤를 따라 나섰다. 부처님은 수재민이 사는 움막으로 향하셨다. 움막 안에는 배고픔에 지친 사람들이 누가 왔는지도 모른 채 깊은 잠에 빠져 있었다. 그 움막 안으로 들어선 부처님은 등불 아래서 수재민의 떨어진 옷을 깁고 계셨다. 갑자기 부처님이 "아!" 소리

검지를 감싸 쥔 손 모양의 철원 도피안사 비로자나부처님.

를 내며 오른손 검지를 움켜잡았다. 오른손 검지가 바늘에 찔린 것이었다.

이 이후로 도피안사 부처님은 지금의 손 모양과 같은 지권인을 하게 되었다는 이야기다. 물론 철로 된 부처님이 마실 가셨다는 이야기는 믿을 수 없다. 사적지에도 도선국사가 비로자나부처님을 모셨다고 나온다.

그런데 왜 이런 이야기가 전해지고 있을까? 혹시 그 당시 큰 홍수로 사람들이 어려움을 겪고 있을 때, 도피안사 대중들이 손발을 걷어붙이고 수해 복구에 최선을 다한 건 아닐까? 그리하여 마을 사람들이 도피안사에 계신 부처님을 통해 그 고마움을 이야기로 전한 건 아닐까?

이처럼 중생의 간절함이 담긴 이야기는 돌이나 나무나 쇠로 된 부처님이 아니라 지금 우리 곁에 살아 숨 쉬는 부처님으로 다가오게 한다.

투영하다

각자의 삶을

불상의 모습에

미완성의 불상으로 미래를 희망하다

천불 천탑의 전설이 전하는 전남 화순 운주사에는 아직도 세우지 못
한 불상이 있다. 보통 와불이라고 한다. 와불은 누울 와(臥), 부처님
불(佛). 즉 누워 있는 부처님이다. 우리나라의 경우 누워 있는 부처님
은 부처님이 열반에 드시기 전 모습이 대부분이다. 동남아시아 일부
나라에는 열반에 드시기 전 모습뿐만 아니라 휴식을 취하고 있는 모
습도 있다. 우리나라에도 그런 모습의 부처님이 있다고는 하지만 필
자는 아직 친견하지 못하였다.

그런데 운주사 부처님은 사실 와불이 아니라 좌불과 입불이다. 앉

운주사의 이 부처님이
일어나는 날, 새날이 온다는
이야기가 전한다.

운주사 부처님을 떼어 내려던
흔적이 보인다.

아 있는 부처님과 서 있는 부처님이다. 운주사 부처님은 대부분 납작한 돌에 새겨서 모셨다. 그 이유는 운주사 부처님을 조성한 바위가 시루떡처럼 켜켜이 층이 나 있기 때문이다. 언덕 위 평평한 바위에 부처님을 새기고 돌의 결대로 떼어 낸다. 이때 결이 휘어지지 않고 곧아야 한다. 그런데 와불이라 불리는 이 부처님을 새긴 바위는 결이 휘어져 있다. 불상을 한쪽에서 떼어 나가다 결이 휘어지면서 도중에 중단한 것으로 보인다. 부서질 염려가 있기 때문이다. 지금도 불상을 떼어 내려다 그만둔 흔적이 남아 있다. 조성하였으나 세우진 못한 미완의 불상이다. 여기에 민초들은 그들의 바람을 담아 이야기를 전한다.

하루 동안 천불 천탑을 세우면 새로운 세상이 열린다며, 사람들은 천불 천탑을 조성하기 시작하였다. 거의 모든 일이 마무리될 무렵, 일하기 싫어한 동자승이 장난스럽게 "꼬끼오" 하고 닭 울음소리를 내었다. 석공들은 날이 밝은 줄 알고 일손을 놓아, 결국 마지막 부처님을 세우지 못하였다.

그 세우지 못한 부처님이 바로 운주사 와불이다. 이후 이야기가 첨가된다. 그 부처님이 일어나는 날 새날이 온다는 이야기. 어쩌면 좌불을 굳이 와불이라 부르는 것은 그 말속에 미완으로라도 미래의 희망을 담고 싶은 것은 아닐지.

이렇듯 민초들은 불상의 모습에 마음을 담는다. 미래에 오실 미륵부처님은 대부분 서 있는 형태, 입불이다. 서 있는 부처님으로 조성한 이유는 다양하겠지만, 민초들은 '서 있는 부처님이야말로 지금 당장 우리에게 다가오는 부처님의 모습'이라고 여긴다. 특히 미륵부처님은 우리를 구원하러 오실 분이라 여기기에, 민초들은 더욱 그렇게 생각한다. 다른 부처님상과 보살상도 마찬가지다. 실천을 강조하는 사찰에서는 간혹 실천과 입불을 연결하기도 한다.

하나의 불상, 두 가지 시선

'돼지 눈에는 돼지밖에 안 보이고, 부처님 눈에는 부처님밖에 안 보인다.'고 하듯, 조선시대 유생들 눈에는 불상이 다르게 보였다.

서울 탑골공원은 조선시대 원각사가 있던 절터다. 오늘날 원각사지 10층석탑만 남아 유리보호막 안에서 파란만장한 역사를 간직하고 있다. 원각사는 원래 흥복사라는 고려시대 절이었다. 조선시대에 들어서면서 없어졌다가 세조가 1464년 중건하였다. 이 무렵에는 세조의 뜻을 막을 벼슬아치가 없었다. 흥복사를 원각사로 바꾸고, 절 주변과 경내까지 들어와 있던 민가 200여 호를 철거하였다. 금빛으로 장엄한 법당에는 흙으로 빚은 부처님을 모셨다. 당시로는 전국에 하나밖에 없는 서 있는 불상, 입불이었다.

그런데 도성 한복판, 그것도 궁궐 코앞에 커다란 절이 있다는 사실

탑골공원 유리보호막 안의
원각사지 10층석탑.

은 그 시대 유생들로서는 견디기 힘든 노릇이었다. 그렇지만 내놓고 반대하지 못하던 유생들은 "부처가 서 있어서 여기저기 걸어 다닐 터이니 절이 오래가지 않을 것이다."라고 비아냥거렸다.

이 말은 우연하게도 맞아떨어졌다. 연산군 10년(1504), 연산군은 원각사를 기생의 처소로 만들고, 불상들을 철거해 버렸다. 유생들은 연산군의 문화 폭정을 우려하기보다는 "서 있는 부처이니 걸어 다닌다는 말이 맞았구먼." 하며 통쾌하게 여겼다. 안타깝고 슬픈 일이다.

원각사 부처님과 관련된 안타까운 일은 연산군 이전, 성종 11년(1480)에도 일어났다. 원각사의 나무불상이 스스로 뒤돌아 앉았다는 소문이 났다. 소문을 들은 백성들이 구름처럼 몰려들어 시주하였다. 반면 벼슬아치들은 스님들이 불상을 돌려놓고는 헛소문을 퍼뜨렸다면서 벌을 내려야 한다고 주장하였다. 처음에는 두 스님이 문초를 당하는 선에서 그쳤지만, 성에 차지 않았던 유생들의 공격으로 이후 불교는 극심한 탄압을 받게 되었다.

같은 사건을 보아도 입장에 따라 다르게 본다. 오늘날 역시 마찬가지다. 너무 신비를 강조하는 것도 바람직하지 않지만, 이성적이라 자부하면서 논리만 주장하는 것도 마찬가지다. 삶에 큰 문제가 없다면 다른 이의 감성적 표현과 신비적 경험까지 무시할 필요는 없지 않은가. 이성과 감성이 함께할 때, 우리의 문화는 풍부해지니 말이다.

돌부처님이 스님 따라 고개 돌린 이유

경주 남산을 야외박물관이라고 하지만, 필자는 야외법당이라고 강
조해서 말한다. 법당에 있는 불보살님이 박물관에 전시되는 순간, 공
경과 예배의 대상이 아니라 감상과 관람의 대상이 되어 버린다. 마
찬가지로 경주 남산을 야외박물관이라고 할 때와 야외법당이라고
할 때, 남산 여기저기에 나투신 불보살님을 대하는 마음이 달라진다.
그러므로 필자는 경주 남산을 늘 야외법당이라고 강조한다. 야외법
당이라는 말이 널리 알려져 이런 사설을 굳이 하지 않아도 될 날을
꿈꾼다.

•

스님을 따라 얼굴을 돌렸다는
용장사지 삼륜대좌불.

여하튼 야외법당인 경주 남산 한쪽 능선에 용장사라는 절터가 있다. 그곳에는 3층석탑, 마애여래좌상 등이 남아 있다. 이야기는 그 가운데 하나인 돌탑 모양의 좌대 위에 계신 돌부처님으로 시작한다. 3층석탑 형태의 높은 대좌 위에 자리하고 있어 삼륜대좌불이라고도 한다. 목은 파손되어 없고 몸체만 남아 있다. 어느 부처님인지 정확하게 알 수 없지만, 『삼국유사』 권 4에 따라 미륵보살로 추정하고 있다.

> 유가종의 조사 고승 태현 스님(또는 대현 스님)은 남산 용장사에 살았다. 그 절에는 미륵보살이라는 돌로 만든 장육상(丈六像)이 있었다. 태현 스님이 항상 이 장육상을 돌았는데, 장육상도 역시 태현 스님을 따라 얼굴을 돌렸다.

장육상은 높이가 1장 6척인 상을 뜻한다. 1장은 10척을 말하고, 1척은 대략 30센티미터 길이다. 따라서 일장육척은 4.8미터가량 높이다. 현재 용장사 절터에 있는 삼륜대좌불이 『삼국유사』에서 언급하는 장육상에 해당하는 것으로 추정된다. 그렇다면 태현 스님과 장육상인 미륵보살은 어떤 인연이 있는 것일까.

태현 스님은 대승불교 가운데 유식불교의 대가다. 유가종(瑜伽宗)은 유식불교를 중심으로 하는 종파다. '유가'라는 말은 보통 말하는 요가와 같은 말로 '일치, 상응'이라는 뜻이다. 이것이다, 저것이다 나눠 생각하는 우리 마음이 수행으로 하나가 된다는 의미다.

인도 땅에서 유식불교와 관련된 분으로는 4~5세기 인물로 추정되는 무착보살이 있다. 이때 보살이라는 말은 관세음보살, 지장보살처럼 신앙의 대상이 아니라, 매우 훌륭한 스승에게 보살을 붙여 부른 것이다. 무착보살은 공부하다가 어려운 점이 많았다. 도솔천에 계신 미륵보살에게 가르침 받기를 간절히 염원하였다. 그리하여 신통력으로 밤이면 도솔천에 올라가 미륵보살을 친견하고 가르침을 받았다. 이후에는 미륵보살이 직접 내려와 무착보살에게 가르침을 주면, 무착보살은 세상 사람들에게 그 가르침을 전하였다. 이때 가르침을 정리한 책이『유가사지론』이다.

이 이야기는『무착보살전』에 전해지는 내용이다. 이 글에 의하면 유식불교의 시조는 미륵보살이고, 그다음이 무착보살이다. 오늘날 전해지는『유가사지론』은 미륵보살이 설(說)한 것으로 되어 있다. 그러나 이를 그대로 받아들이는 학자는 거의 없다. 아마 그 당시 미륵이라 불리는 다른 스승이 있었다고 추정하기도 하고, 또는 무착보살이 글을 쓰고 도솔천에 계신 미륵보살의 이름을 빌려 전파한 것으로 추정하기도 한다. 물론 도솔천에 계신 미륵보살이 직접 설한 것이라 믿는 이들도 있다.

이런 인연으로 유식불교의 시조는 미륵보살이 된다. 그리고 유식불교를 중심으로 하는 유가종 또는 법상종 등의 사찰은 미륵보살 또는 미륵불을 본존으로 모신다. 신라 유식불교의 대가인 태현 스님과 미륵보살은 이런 인연이 있다. 그렇다면 왜 돌부처님은 태현 스님을 따라 함께 얼굴을 돌렸을까. 그와 관련된 이야기는 아직 듣지 못하였다. 전해지는 이야기뿐만 아니라 현재 만들어지는 이야기도 있어야 한다. 누군가 어울리는 멋진 이야기를 만들었으면 하는 바람이 있다.

개천을 사이에 두고 마주한 두 부처님

다음 돌부처님은 모두가 처음 보는 순간 한마디씩 하게 된다. 우리의 삶과 연결되는 이야기를 간직한 분이기 때문이다. 바로 전북 익산 왕궁리 절터 근처 고도리 마을에 있는 두 분의 돌부처님이다. 약 200미터 거리를 두고 두 돌부처님이 서로 마주 보며 장승처럼 서 계신다. 그리고 그 가운데에는 작은 개천이 흐르고 있다. 언제 어떤 인연으로 두 부처님을 그렇게 모셨는지 지금은 아무도 모른다. 단지 보는 사람마다 이런저런 이야기를 할 뿐이다.

한 분은 남자, 한 분은 여자로 보고서, 서로 바라만 볼 수밖에 없는 연인으로 상상하기도 한다.

"어느 쪽이 남자고 어느 쪽이 여자지?"

"저렇게 바라만 보고 만날 수 없으면 참 슬프겠다."

"그래도 저렇게 바라볼 수 있다는 것만으로 다행스러운 일도 있지 않나."

"평소 얼굴도 볼 수 없다가 1년에 한 번 만날 수 있는 경우와, 저렇

서로 마주보는 익산 고도리의
동쪽 석불과 서쪽 석불.

동쪽 석불의 시선으로 본 다리 너머 서쪽 석불.

게 바라보기만 하고 평생 만날 수 없는 경우 중 하나를 택하라면 무엇을 택할래."

움직이지 못하는 돌부처님이기에 생각할 수 있는 이야기들이다. 그런데 여기에 더욱 상상이 들어가 다음과 같은 이야기가 전해진다. 누구나 생각할 수 있는 이야기다.

이 두 석불은 부부다. 들판 가운데를 가로지르는 옥룡천 때문에 서로 만나지 못한다. 그리하여 마을 사람들이 오작교를 놓아 1년에 한 번씩 섣달그믐날이면 만나게 한다. 그렇게 만난 석불 부부는 밤새도록 회포를 풀다가 닭이 울면 다시 본래 자리로 울면서 돌아간다.

견우와 직녀 이야기가 생각난다. 그리고 영화 〈캐러비안의 해적〉 3편 마지막 장면도 생각난다. 주인공이 바다를 떠돌다가 10년에 한 번 하루만 뭍으로 와서 부인과 아들을 만나는 장면 말이다. 앞서 이 야기한 것처럼 '평소 얼굴도 볼 수 없다가 1년에 한 번 만날 수 있는 경우'와 '저렇게 바라보기만 하고 평생 만날 수 없는 경우' 중 하나를 택하라면, 무엇을 택할까? 하지만 이 또한 한국전쟁 등으로 헤어져 생사를 모르는 이산가족에게는 부러운 선택이리라.

다양한 소통으로 우리 곁에 오신 부처님

꿈속에서 도움을 요청한 불상

현재 법당에 계신 부처님 가운데 해당 사찰에서 조성한 부처님이 아닌 경우가 종종 있다. 본래 모셨던 사찰에서 어떤 인연으로 사라졌다가 또 다른 인연으로 지금은 다른 법당에 자리하고 계신다. 다시 그렇게 자리할 때는 당신이 있는 위치를 다양한 방법으로 인연 있는 이에게 알려 준다. 대표적인 방법이 현몽이다.

필자가 근래 순례한 전북 익산 남원사 이야기다. '웬 익산에 남원!' 이런 생각이 들었는데, 남원사라고 하는 이유가 이야기 속에 등장한다. 1968년에 건립된 사적비 기록에 의하면, 이 사찰은 통일신라시

익산 남원사 미륵불.
혹 남원부사의 꿈에 나타난 분이 아닐까?

●
현몽 이야기가 전하는
청주 용화사 석불군.

대인 831년에 법당사라는 이름으로 창건되었다. 그 후 자세한 기록은 없다. 오랜 세월 폐사였다. 그런데 1591년 남원부사가 남원으로 부임 가던 중 이곳에서 머물 때 꿈에 돌부처님이 나타났다. 다음날 일어나 꿈속에서 본 그곳을 파 보니 미륵부처님뿐만 아니라, 돌거북과 5층석탑이 나왔다. 그리하여 그곳에 법당을 짓고 이름을 남원사라고 하였다.

현몽으로 나타나신 부처님이라고 하면 충북 청주 용화사의 부처님 모신 이야기가 더 드라마틱하다.

조선 왕조 마지막 왕 순종의 비인 엄비의 꿈에 무지개 속에서 일곱 분의 부처님이 나투셨다.

"우리는 청주 땅에 있는데 지금 몸이 위태로운 처지에 놓여 있으니, 어서 우리를 구하여 집을 짓고 안치해 주게나."

같은 시각, 당시 청주군의 지주(지금의 군수)로 있던 이희복도 비슷한 꿈을 꾸었다. 스님 한 분이 조용히 방문을 열고 들어왔는데 가사 장삼은 물에 흠뻑 젖어 있고, 목에는 이끼가 끼어 있고, 이마에는 피가 흐르고 있었다.

"늪에 빠져 곤욕을 당하고 있으니, 빨리 구해 주시게나."

꿈에서 깨어 보니 스님이 있던 자리가 물로 흥건하였다. 이틀이 지난 뒤 한양에서 엄비의 명이 내려왔다. 엄비가 이러저러한 꿈을 꾸었으니 불사(佛事)에 관한 일을 자세히 살펴 보고하라는 내용이었다.

이희복은 자신의 꿈도 있고 해서 무심천으로 사람을 보냈다. 역시 짐작한 대로 개울가 늪에 빠져 있던 일곱 분의 돌부처님을 발견하였다. 이 사실을 알게 된 엄비는 절을 짓도록 불사금을 내려보냈다. 이희복은 상단산성에 있는 보국사를 헐어 늪 근처로 옮기고는 용화사를 짓고 부처님을 모셨다.

무심천에서 모셔 왔던 일곱 분은 어느 시대 어느 절에 계셨던 분인지 모른다. 5미터가 넘는 부처님을 비롯하여 2~3미터 높이의 부처님, 보살님, 나한 등은 용화사 석조불상군이라는 이름으로 현재 보물로 지정되어 있다.

그 외에도 현몽으로 나타나신 불상 이야기는 여러 사찰에서 전해진다. 경기 김포 운양산 용화사 미륵부처님, 경기 화성 신흥사 아미타부처님 등등. 불상의 입장에서는 직접 이야기를 전할 수 없으니 참으로 답답할 듯하다. 그러니 꿈이라는 방법을 택하여 당신의 존재를 알렸을 것이다. 아둔한 중생과 소통하는 방법은 그것밖에 없으니 말이다.

이러한 부처님의 마음은 마치 영화 〈인터스텔라〉에서 다른 차원에 있는 아버지가 딸에게 메시지를 전하고자 하는 마음처럼 느껴진다. 우주여행 중 다른 차원으로 들어간 아버지는 다른 시공간 속에서 책장 너머 지구에 있는 자신의 거실을 바라본다. 거실에 있는 딸에게 인류의 멸망을 극복할 수 있는 메시지를 전하고자 하는데, 방법이 떠오르지 않는다. 답답하고 또 답답하다. 그러나 딸에 대한 사랑으로 결국 방법을 찾아낸다. 책장의 책을 떨어뜨려 신호를 보내거나 모래 바람을 일으켜 신호를 보냈다. 그리고 마침내 시계 초침을 이용한 모스 부호로 소통하며 문제를 해결한다.

인연 있는 사찰 이름에 답한 불상

이번에는 우리 앞에 나타난 부처님이 인연 있는 이를 찾는 또 다른 소통 방법을 보여주는 이야기다. 말을 할 수 없는 부처님이니, 또 다른 방법으로 당신의 속마음을 나타낸다. 다른 절의 유명세에 상대적으로 사람들이 잘 찾지 않는 전남 해남 은적사 비로자나부처님 이야기다. 이 부처님은 강원도 철원 도피안사 비로자나부처님(철불, 865년 조성), 전남 장흥 보림사 비로자나부처님(철불, 858년 조성)과 닮은 점이 많아서 10세기 무렵 조성한 것으로 추정된다.

어느 날 사찰로 들어오는 조그마한 포구에 철로 된 불상이 나타났다. 사람들이 공양을 올리며 서로 모셔 가고자 하였으나, 불상은 조금도 움직이지 않았다. 그때 은적사 스님이 나와 옮기려 하자 불상을 들 수 있게 되어, 비로소 은적사 법당에 모시게 되었다.

은적사 부처님을 자세히 보면 배꼽 위로는 철이지만 배꼽 밑으로는 나무다. 처음 모실 때부터 배꼽 밑 부분이 떨어져 나간 상태여서 그 부분을 나무로 보완해 온전한 모습으로 모셨다. 그런데 부처님 당신이 원하시는 곳에 자리하셨기 때문인지 미소는 참으로 좋다. 필자의 사진 실력이 미숙하여 그 미소를 담지 못하는 것이 아쉬울 따름이다. 저 멀리 해남에 가게 된다면 한번 그 미소를 친견하길 권한다.

경기 남양주 흥국사 만월보전의 약사부처님에게도 비슷한 이야기가 있다. 약사부처님은 이곳으로부터 동쪽으로 10항하사수(恒河沙數, 갠지스강의 모래알 수) 불국토를 지나서 정유리세계에 계신다. 약사부처님은 모든 중생의 질병을 고쳐 주며, 재앙으로부터 구해 주며, 나아가 무상보리(無上菩提, 위 없는 깨달음)를 얻도록 도와주는 대의왕불(大醫王佛)이다.

약사여래는 약그릇(약합, 약기)을 들고 계신다. 가끔 필자는 그 약그릇을 약사 자격증이라 농을 한다. 약사여래를 모신 전각인 약사전을 '유리광전(琉璃光殿)'이라고도 하며, 만월세계를 이루셨기에 '만월보전(滿月寶殿)'이라고도 한다.

남양주 흥국사 만월보전에 모신 약사부처님은 원래 서울 정릉 봉국사에 계셨다. 정릉은 태종 이방원이 죽인 형제 이방석의 어머니이자 태조 이성계의 후처인 신덕왕후 강씨의 묘소다. 태조 이성계와 신덕왕후 사이에는 공주가 있었는데, 공주는 남동생을 잃은 슬픔에 스님이 되어 금강산 유정사에서 정진하였다. 그런데 태조 이성계가 몸

배꼽 위는 철, 아래는 나무로 된
해남 은적사 비로자나부처님.

과 마음에 병을 얻자, 스님은 봉국사로 거처를 옮겼다. 그리고 약사 부처님께 기도하며 아버지의 쾌차를 기원하였다. 그 공덕으로 태조 이성계는 건강을 회복하였다. 그 후 봉국사는 약사 기도 도량으로 널리 알려져 많은 사람들이 몰렸다.

어느 날 봉국사 법당에 계시던 약사부처님이 갑자기 사라졌다. 대중들이 찾아보니 부처님은 가까운 시냇가에 앉아 계셨다. 그런데 대중들이 아무리 힘을 써도 조금도 움직이지 않았다. 대중들은 부처님께서 봉국사로 돌아가시지 않겠다는 뜻이라고 생각하였다. 그리하여 다른 절에 모시고자 절 이름을 불러 보았다. 봉국사 근처의 홍천사, 화계사로 모시겠다고 물어봐도 움직이지 않으셨다. 마지막으로 멀리 남양주 흥국사로 가시겠냐고 물어보니 마침내 몸을 움직이셨다. 그리하여 약사부처님을 봉국사에서 흥국사로 옮겨 모시게 되었다.

이야기처럼 철이나 돌로 된 부처님만 신호를 보내는 것이 아니다. 『대승기신론』에 의하면 내 마음의 부처님이 우리 마음 깊은 곳에서 끊임없이 신호를 보낸다. 부처님은 바로 마음속에 있다고, 온갖 분별 내려놓고 고요한 평온 속에 노닐어 보라고, 그러면 그 순간이 바로 부처님이라고.

•

남양주 흥국사 약사불. 봉국사에 계셨던
부처님은 왜 흥국사로 가려 하셨을까?

2

열두 동물과

나   누   는

법   담

고양이 밥을 먹은 쥐

'쥐가 고양이 밥을 먹다.'

전강 스님(1898~1975)이 1972년 용주사 중앙선원 조실로 있을 때
한 법문이다.

"견성을 하였습니다."

"견성을 하였으면 네가 견성한 도리를 일러 보아라."

"쥐가 고양이 밥을 먹었습니다."

견성(見性)은 깨달음이다. 자신의 마음에 본래 있는 본성을 꿰뚫어 보는 것을 말한다. 전강 스님은 이러한 법담을 언급하고, '견성한 도리가 쥐가 고양이 밥을 먹은 것'이라는 뜻으로 풀이하였다. 2006년 출간된 책『쥐가 고양이 밥을 먹다』를 참고해 정리하면 이렇다.

쥐란 고양이 밥이니, 쥐가 고양이 밥을 먹었다는 것은 쥐가 자신을 먹었다는 말이다. 내가 나를 먹어 버렸다는 뜻이다. 내 마음속에서 삼라만상이 나왔는데, 모든 번뇌 망상을 일으키는 내 마음을 내가 먹었으니, 아무것도 없다. 내가 공(空)하였으니 모든 경계도 공(空)하다는 뜻이다. 공만 남았으니 그 공도 떼어 버리자.

불교 공부의 시작은 자신을 내려놓는 것이요, 자신을 완전히 내려놓은 분이 바로 부처님이다. 이를 하심(下心)이라고 한다. 쥐가 고양이 밥을 먹는다고 표현하듯, 자신을 내려놓아야 한다. 내가 누구라는 생각이 드는 순간, 마음공부는 하늘과 땅처럼 벌어지기 시작한다.

그런데 선사의 법담은 이러한 풀이로 이해할 성질이 아니다. 고양이가 쥐를 잡을 때처럼, 선사의 법담을 스스로 사무쳐 깨달아야 한다. 다음은 두 선사의 법담이다.

1949년 어느 날 숭산 스님(1927~2004)이 고봉 스님(1890~1961)을 방문하였다. 고봉 스님이 여러 가지 공안을 물었는데, 숭산 스님은 대답을 잘하였다. 끝으로 고봉 스님이 물었다.

"쥐가 고양이 밥을 먹다가 밥그릇이 깨졌다. 이게 무슨 뜻이냐?"

"하늘은 푸르고 물은 흘러갑니다."

"아니다."

숭산 스님이 여러 가지로 대답했으나, 고봉 스님은 모두 아니라고 하였다.

숭산 스님은 갑자기 꽉 막혀 버렸다. 50여 분간 고봉 스님의 눈을 노려보다가 천둥 번개 치듯 갑자기 마음이 확 열렸다.

검은 쥐와 흰 쥐가 목숨을 갉아먹다

"지극한 도는 어렵지 않음이요, 오직 간택함을 꺼릴 뿐이니, 미워하고 사랑하지만 않으면, 통연히 명백하니라."

『신심명』에 나오는 말이다. 그런데 어리석음으로 온갖 번뇌에 빠진 중생은 날카로운 칼에 묻은 꿀을 핥는 것처럼 한 치 앞도 모르고 순간의 쾌락에 빠져 살아간다. 이러한 중생의 삶을 비유한 부처님 말씀이 있다.

어느 때 세존께서는 사위국 기수급고독원에 계셨다. 이때 세존께서는 대중 가운데서 승광왕에게 말씀하셨다.

"대왕이여, 지금 대왕을 위하여 간단히 한 가지 비유로써 생사의 맛에
집착하는 고통을 말하겠습니다. 왕은 지금 자세히 잘 듣고 잘 기억하
십시오.

한량없는 겁, 과거에 어떤 사람이 광야에서 놀다가 사나운 코끼리에
게 쫓겨 황급히 달아나면서 의지할 데가 없었습니다. 그러다가 그는
빈 우물을 보았습니다. 그 우물 곁에는 나무뿌리가 있었습니다. 그는
곧 나무뿌리를 잡고 내려가 우물 속에 몸을 숨겼습니다.

그런데 그곳에는 검은 쥐와 흰 쥐 두 마리가 나무뿌리를 번갈아 갉았
으며, 우물 사방에는 네 마리 독사가 그를 물려 날뛰었고, 우물 밑에는
독룡이 있었습니다. 그는 독룡과 독사가 두려웠고, 나무뿌리가 끊어
질까 봐 걱정이었습니다.

게다가 나무뿌리에는 벌꿀이 흘러 다섯 방울씩 입으로 떨어지는데,
나무가 흔들리자 벌이 흩어져 내려와 그를 쏘았습니다. 또한 들에서
는 불이 일어나 그 나무를 태우고 있었습니다."

왕은 말하였다.

"그 사람은 어떻게 그런 한량없는 고통을 받으면서 그 보잘것없는 맛
을 탐할 수 있습니까?"

"대왕이여, 광야는 끝없는 무명(無明)의 긴 밤을 비유하고, 그 사람은
중생을 비유하고, 코끼리는 무상(無常)을 비유하고, 우물은 생사(生
死)를 비유하고, 험한 언덕의 나무뿌리는 목숨을 비유하고, 검은 쥐와
흰 쥐 두 마리는 밤과 낮을 비유하고, 나무뿌리를 갉는 것은 순간순간

고창 문수사의 안수정등을 표현한 그림.

목숨이 줄어드는 것을 비유하고, 네 마리 독사는 지수화풍 사대(四大)를 비유하고, 벌꿀은 오욕(五欲)을 비유하고, 벌은 그릇된 생각을 비유하고, 불은 늙음과 병을 비유하고, 독룡은 죽음을 비유합니다.

그러므로 대왕은 알아야 합니다. 생로병사를 참으로 두려워해야 합니다. 언제나 명심하고 오욕에 사로잡히지 않아야 합니다."

-『불설비유경』

이 경전 말씀은 '안수정등(岸樹井藤, 절벽의 나무와 우물 속 등나무)'의 이야기로 유명하다. 여러 이야기로 각색되어 비슷한 듯 다양한 형태로 전해진다. 비유로 등장하는 여러 동물 가운데 검은 쥐와 흰 쥐 두 마리는 밤과 낮을 비유하고, 두 쥐가 나무뿌리를 갉는 것은 순간순간 목숨이 줄어드는 것을 뜻한다. 문득 원효 스님의 『발심수행장』 가르침이 생각난다.

순식간에 백 년인데 어찌하여 안 배우며,

일생이 얼마라고 닦지 않고 게으른가.

쥐꼬리로 붓을 만들어 사경하다

불교에는 삼보(三寶)가 있다. 불보(佛寶), 법보(法寶), 승보(僧寶)다. 세상에서 귀중한 것이 보배이듯, 불교에서 귀중한 세 가지 보배라는 뜻이다. 가르침을 펼치시는 부처님(불보), 부처님이 전하는 가르침(법보), 부처님을 존경하고 받들며 그 가르침을 배우고 실천하는 승가(승보)가 바로 불법승 삼보다.

경전이 법보에 해당하는 만큼 경전을 간직하고, 읽고, 외우고, 쓰고, 해설하는 공덕을 경전 곳곳에서 강조한다. 가령 『금강경』에는 "삼천대천세계에 있는 칠보로 보시한 공덕보다 이 경전의 네 구절 등을 옮겨 쓰고 전하는 공덕이 더 크고 뛰어나다."라는 구절이 있다.

이러한 말씀에 따라 예로부터 사경(寫經)은 수행의 한 덕목으로 자리한다. 사경은 경전을 옮겨 쓰는 것을 말한다. 사경의 본래 목적은 경전을 널리 유포해 후대에 길이 전하는 것이었는데, 여기에 경전 쓰기의 공덕을 강조한 신행의 측면이 더해졌다.

통도사유물전시관에는 금가루로 사경한 『묘법연화경』(법화경)이 있다. 고종 17년인 1880년에 경운 스님(1852~1936)이 정성껏 옮겨 쓴 경전이다. 경운 스님은 『묘법연화경』을 쓰면서 돌아가신 부모님의 왕생극락을 발원하였다. 그 공덕으로 부모님이 축생의 과보를 벗어났다고 한다.

한편 스님의 사경에 큰 역할을 한 쥐가 등장한다. 경운 스님이 통도사 백련암에서 사경을 할 때 황색 쥐 한 마리가 스스로 들어왔다. 스님은 쥐의 뜻을 헤아려 꼬리를 뽑아 붓 두 자루를 만들었다. 그리고 그 붓으로 한 글자 쓸 때마다 한 번 절을 하고, 3개월에 걸쳐 공을 들여 경전을 완성하였다고 한다.

　스님의 부모님이 축생의 과보를 벗어났다고 전해지듯, 아마 자신의 꼬리를 희생한 황색 쥐 또한 축생의 몸을 벗어났으리라.

소가 끄는 수레가 전하는 부처님 가르침

소는 참으로 우리 인간에게 가까운 동물이다. 인류 역사 가운데 긴 농경 사회에서 너무도 소중한 존재였기 때문이리라. 그 과정에서 소의 특징은 인류 문화에 투영되어, 여러 이야기에 소가 등장한다. 우선 경전 가운데 『법화경』「비유품」'불타는 집의 비유'에 등장하는 소 이야기가 가장 대표적이다.

옛날 어느 곳에 엄청난 부자가 살았다. 그의 집은 대저택인데도 출입문은 단 하나밖에 없었다. 그러던 어느 날 그 부자가 외출했을 때 마침

• 천안 각원사의 '불타는 집의 비유'를 표현한 그림.

집에 불이 났다. 부자는 귀갓길에 집에 불이 난 것을 보고 매우 당황하였다. 집 안에는 귀여운 자식들이 불이 난 것도 모르고, 또 불에 대한 두려움도 없이 정신없이 뛰놀고 있었다. 부자는 아이들을 구하기 위해 빨리 집에서 뛰어나오라고 외쳤다. 그러나 아이들은 아버지의 말을 믿지 않고 불이 무엇인지, 또 죽는 것이 무엇인지도 모르거니와 알려고 하지도 않은 채 그저 정신없이 뛰놀고만 있었다. 부자는 어리석은 아이들에게 불난 집에서 뛰어나오라고 아무리 외쳐도 알아듣지 못하자 방편을 쓰기로 하였다.

"얘들아, 여기 재미있는 장난감이 있다. 양이 끄는 수레, 사슴이 끄는 수레, 소가 끄는 수레가 있으니, 모두들 어서 밖으로 나오너라."

아버지가 장난감을 준다는 말에 귀가 번쩍 뜨인 아이들은 다투어 집 밖으로 뛰어나왔다. 부자는 아이들을 안전한 곳으로 데리고 갔다. 그 때 아이들이 아까 말한 장난감을 달라고 하자, 그는 장난감 대신에 커다란 흰 소가 끄는 수레를 주었다.

이 이야기에서 불타는 집은 미혹에 빠진 세상을 말하고, 아이들은 이 세계가 위험하다는 것을 모른 채 그저 쾌락에만 탐닉하는 범부를 말한다. 세 가지 수레는 삼승(三乘)을 비유한다. 양이 끄는 수레는 성문승, 사슴이 끄는 수레는 연각승, 소가 끄는 수레는 보살승에 해당한다. 커다란 흰 소가 끄는 수레는 일불승을 뜻한다.

성문(聲聞)은 부처님 가르침을 듣고서 깨달음으로 나아가는 이를 말하고, 연각(緣覺)은 십이연기를 통해 홀로 깨달음으로 나아가는 이를 말한다. 이들을 보통 소승이라고 한다. 보살은 대승불교의 이상적인 수행자로서 중생과 더불어 불도를 이루고자 하는 이를 말한다. 승(乘)은 가르침을 수레에 비유한 말이다. 일불승(一佛乘)은 일승(一乘)이라고도 하며, 우리가 곧 부처님이라는 가르침이다. 즉 부처님이 중생들에게 "네가 바로 부처님이다."라고 전하는 가르침이다.

부처님은 "네가 바로 부처님이다."라는 가르침을 전하고자 하는데, 범부들은 그 뜻을 도저히 받아들이지 못한다. 그래서 부처님은 중생의 근기에 맞게 방편을 사용하였다. 성문에 맞는 가르침(성문승), 연각에 맞는 가르침(연각승), 보살에 맞는 가르침(보살승)을 전한 후,

근기가 어느 정도 되자 비로소 일불승의 가르침을 전하였다. 『법화경』이 바로 일불승의 가르침, 곧 자신이 바로 부처님이라는 가르침이고, 그 이전의 다른 경전들은 바로 이 일불승의 가르침에 이르도록 하는 방편이라는 말이다. 이를 회삼귀일(會三歸一)이라고 한다. 세 가지(삼승)를 모아 하나(일불승)에 돌아간다는 뜻이다.

이러한 가르침은 사찰의 첫 관문인 일주문에 담겨 있다. 일주문(一柱門)에서 일주란 '하나의 기둥'이 아니라 '기둥이 일직선에 있다'는 뜻이다. 보통 집을 지을 때 네 모퉁이에 기둥을 세우는데 일주문은 일직선상에 세운다. 이는 일심(一心)을 나타낸다. 누구나 가지고 있는 한결같은 마음, 차별 없는 하나의 마음, 바로 불성(佛性), 부처님 성품을 뜻한다. 일직선상에 있는 네 기둥이 만드는 출입구는 셋이 된다. 따라서 성문에 대한 가르침(성문승), 연각에 대한 가르침(연각승), 보살에 대한 가르침(보살승), 이 셋은 일주문을 통해 결국 하나의 가르침, 일불승으로 나아간다. 비록 두 기둥으로 된 일주문일지라도, 세상의 모든 수행은 결국 일주문이라는 하나의 문을 통해 한결같은 부처님 세계로 들어가며, 일불승의 가르침으로 하나가 된다.

소를 찾아가는 여정, 마음을 찾는 수행 여정

불교에서 소라고 하면 무엇보다 '아! 그 그림' 하고 떠올리는 그림이 심우도(尋牛圖)다. 찾을 심(尋), 소 우(牛), 즉 잃어버린 소를 찾아가는 여정을 표현한 그림이다. 심우도는 마음을 소에 비유하여 수행자가 본성인 불성을 깨달아 가는 과정을 시각적으로 나타낸 선화(禪畵)다. 그 찾아가는 과정을 열 단계로 나타내기에 십우도(十牛圖)라고도 하고, 소를 길들이는 과정이기에 목우도(牧牛圖)라고도 한다.

첫 번째부터 다섯 번째 그림까지 보면, 목동이 점점 소와 가까워질수록 소의 색깔이 검은색에서 흰색으로 바뀐다. 이는 번뇌에서 벗어나 마음의 본성에 점점 가까워짐을 나타낸다.

여섯 번째 그림은 목동이 길들인 소를 타고 피리를 불며 돌아오는 모습이다. 이는 드디어 망상에서 벗어나 본성의 자리에 들었음을 비유한다.

일곱 번째 그림은 목동이 집으로 돌아왔는데 소는 없고 오직 자기 혼자 남은 모습이다. 본래 마음자리로 돌아왔으나, 찾았다는 생각도 돌아왔다는 생각도 접어둔 한가로움을 비유한다.

여덟 번째 그림은 소도 잊고 또 자기도 잊는다는 의미로 텅 빈 원만 그려 놓았다. 모든 집착이 사라진 자리다. 나와 너 분별없는 공의 경지에 선 것을 비유한다.

아홉 번째 그림은 푸른 산과 푸른 물의 광경을 그려 놓았다. 본성은 본래 청정하여 아무 번뇌가 없으므로, 산은 산대로 물은 물대로 드러난다. 분별없는 마음에 세상 만물이 그대로 드러남을 비유한다.

열 번째 그림은 중생 제도를 위해 마을로 향하는 모습이다. 중생과

제1 소를 찾는다

제2 소 발자국을 보다

제3 소를 보다

제4 소를 잡다

제5 소를 길들이다

제6 소를 타고 집으로 돌아오다

제7 소를 잊고 사람만 남다

제8 사람도 소도 함께 잊다

제9 근원으로 돌아가다

제10 저잣거리에 들어가 제도하다

잃어버린 소를 찾아가는 과정을 그린 함양 용추사의 심우도.

함께하면서 중생이 원하는 바에 따라 제도함을 뜻한다.

한편 선사들의 수행 과정에 등장하는 소는 우리를 멍하게 만든다. '소를 타고 소를 찾는구나', '콧구멍 없는 소', '나는 두 마리 진흙소가 싸우면서 바다로 들어가는 것을 보았는데, 아직껏 소식이 없소' 등등 스님들의 법문이나 선문답이 그 예다.

선문답은 해석하지 않는다. 해석하고 답을 알려 주면 궁금증이 일어나지 않아 마음공부에 도움이 되지 않기 때문이다. 비유가 가능한지 모르지만, 예를 들면 풀이된 답을 먼저 보고 수학 문제를 푸는 경우라고나 할까. 그 문제는 잘 풀 수 있을지 모르지만, 유사한 다른 문제는 여전히 풀지 못하기는 마찬가지다.

여하튼 선문답 속 소가 의미하는 바를 필자는 아직 알 길이 없으니, 아직도 불타는 집에 머물고 있음에 틀림이 없다. 언제 이 불타는 집을 벗어나리오. 참으로 '소를 타고 소를 찾는구나.'

스님들이 성불하면 들판에는 소가 없다

출가 수행자가 시주물을 제대로 사용하지 않아서 구렁이로 태어난다는 이야기가 있다. 그리고 시주물을 받고서 그 공덕을 모르고 수행을 게을리하여 소로 태어난다는 이야기도 있다. 그만큼 시주물은 무섭다.

어떤 스님이 신도가 주는 시주물을 필요 이상으로 너무 많이 받았다.

도반 스님이 간곡히 말하였다.

"신도의 시주 공덕은 감당하기 어려운 법이라네. 그렇게 많이 받고는

어떻게 다 갚으려고 하는가?"

스님은 장담하며 말하였다.

"나는 언제나 능히 소화할 수 있다네. 능소(能消)."

그런데 뒷날 스님은 죽어서 소로 태어났다.

도반 스님이 그것을 알고 소를 찾아가 물었다.

"이래도 네가 능소라 할 것이냐?"

소는 여전히 대답하였다.

"능소, 능소."

이와 비슷한 이야기로는 한산 스님과 습득 스님의 이야기가 유명
하다. 두 분의 정확한 생몰연대는 알 수 없으나, 7세기경 당나라 천태
산 국청사에 있었다고 전해진다. 그 당시 국청사에는 풍간선사도 함
께하였다.

한산 스님은 국청사에서 좀 떨어진 한암이라는 굴속에서 살고 있
었기 때문에 사람들이 부른 이름이다. 늘 다 떨어진 옷에 커다란 나
막신을 신고 다녔는데, 때가 되면 국청사에 와서 대중들이 먹다 남은
밥이나 나물 따위를 얻어먹었다.

습득 스님은 풍간선사가 길을 가다가 울고 있는 아이를 주워다 길

• 한산 스님과 습득 스님 이야기를 그린 합천 해인사의 그림.

렀다고 해서 지어진 이름이다. 스님은 부엌에서 그릇을 씻거나 불 때
는 일을 하였는데, 설거지하고 난 뒤 남은 밥이나 음식 찌꺼기를 모
아 두었다가 한산 스님이 오면 내 주었다.

이 세 분을 국청삼은(國淸三隱)이라 불렀다. 국청사에 숨은 세 분의
성자라는 뜻이다. 세 분 모두 불보살님의 화현이기 때문이다. 풍간선
사는 아미타불의 화현이요, 한산 스님은 문수보살, 습득 스님은 보현
보살의 화현이라 한다. 그러나 함께 살던 대중들은 이들의 기이한 언

행을 이해하지 못해 멸시하고 천대하기 일쑤였다.

어느 날 주지 스님이 산 아래 목장을 지나다가 한산 스님과 습득 스님
이 소 떼와 함께하는 광경을 보았다.
한산 스님이 소들을 향하여 말하였다.
"이 도반들아, 소가 된 기분이 어떠한가? 전생에 시주 밥으로 그렇게
먹고 놀더니 기어코 소가 되었구나. 오늘은 여러 도반과 함께 법문을

나눌까 하여 왔으니, 내가 호명하는 대로 이쪽으로 나오라. 첫 번째로 동화사 경진율사."

검은 소 한 마리가 "음매" 하며 앞으로 나왔다. 그리고 앞발을 꿇어 머리를 땅에 대고는 한산 스님이 지적한 장소로 갔다.

"다음 천관사 형지법사."

이번에는 누런 소가 "음매" 하고 앞으로 나왔다. 그리고 절을 하고는 첫 번째 소가 간 곳으로 걸어갔다.

이렇게 총 30여 회를 반복하였다. 100여 마리의 소 가운데 30여 마리가 스님의 후신이었다. 신도가 공양한 시주 밥을 먹고 수행하지 않은 업보로 빚을 갚기 위해 소가 된 것이다.

이 광경을 본 주지 스님은 절로 올라가며 혼자 중얼거렸다.

"한산과 습득을 미치광이로 알았더니 성인의 화신이 분명하다."

옛말에 "스님들이 성불하면 들판에는 한 마리의 송아지도 없을 것이다."라는 말이 있다. 그만큼 출가 수행자가 시주물의 무서움을 알고 정진하라는 가르침이 담긴 말이다. 시주자의 공양 공덕을 갚는 일은 무엇보다 수행 정진하여 도를 이루는 일이다. 물론 그것은 출가 수행자에게만 해당하는 이야기는 아니다. 이러한 점에서 사찰에서 공양하기 전에 외우는 공양게는 큰 울림으로 다가온다.

이 음식이 어디서 왔는고.

내 덕행으로는 받기가 부끄럽네.

마음의 온갖 욕심 버리고

몸을 지탱하는 약으로 알아

도업을 이루고자

이 공양을 받습니다.

절 중창에 몸을 바친 소

앞의 이야기로 소에 대한 선입견이 생기지는 않을까 염려된다. 단순
하게 게으른 수행자의 업보라고만 본다면, 충남 갑사 중창 불사에 등
장하는 소는 어떻게 되겠는가. 이야기는 이렇다.

정유재란 때 갑사는 절 전체가 불타 버렸다. 폐허가 된 채 잿더미만 날
릴 뿐이었다. 예전의 웅장했던 절 모습을 생각하면 주지 스님은 답답
하기만 하였다. 다시 절을 세워야 하는데 불사할 사람도, 물자도 충분
하지 않았다.

어느 날 주지 스님은 중창 불사를 고민하다가 겨우 잠이 들었다. 그때
하늘에서 누런 소 한 마리가 절 마당으로 서서히 내려왔다. 소는 마치
사람처럼 말을 하였다.

"제가 절을 지어드리겠습니다."

눈 덮인 공주 갑사의 공우탑.

주지 스님은 깜짝 놀라 잠에서 깨었다. 꿈이었다.

"별 희한한 꿈도 다 있군. 정말 소 한 마리라도 있었으면 좋겠구나."

그때 마당 쪽에서 소 울음소리가 들렸다. 주지 스님은 그 소리에 놀라 마당을 바라보았다. 황소 한 마리가 절 마당 가운데 앉아 있었다.

황소는 그날부터 어딘가를 오갔는데, 그때마다 등에 절 불사에 필요한 목재, 기와, 양식 등을 싣고 왔다. 그렇게 불사는 원만하게 진행되었다. 그런데 마침내 절이 완공되자 소는 지치고 병들어 죽고 말았다. 주지 스님은 사찰 대중에게 말하였다.

"우리 절 불사를 도맡았던 소가 그만 죽고 말았습니다. 필시 이 소는 갑사 불사가 원만하게 끝날 수 있도록 부처님이 보내신 게 분명합니다. 소를 위해 무엇을 하면 좋겠습니까?"

대중들은 소의 무덤을 만들어 주고 천도재를 지내 주기로 의견을 모았다. 그리하여 소를 '우보살(牛菩薩)'로 칭하고 장례를 치른 뒤, 소의 공덕을 기리는 탑을 세우고 '공우탑(功牛塔)'이라는 명문을 새겼다.

그렇다면 우보살은 주지 스님 말대로 부처님이 보낸 소일까. 아니면 전생에 수행을 게을리한 것을 참회하고 전생의 은혜를 갚고자 한 소일까. 아니면 또 다른 인연이 있는 것일까. 좀 더 변형된 이야기로는 주지 스님 덕분에 어느 날 목숨을 구한 소가 은혜를 갚고자 불사에 함께하였다고도 한다.

하여튼 공우탑은 지금도 갑사에 전해지고 있으니, 이야기는 가감이 있을지 모르겠지만 중창 불사에 우보살이 큰 역할을 한 것은 틀림없으리라. 불사에 열심히 임한 소나, 그 소의 노력을 헤아린 사찰 대중의 마음이나 우리에게 깊은 울림을 준다.

때로는 산신으로

때로는 미물로,

호랑이,

사람 따라 움직이는 호랑이 벽화

대한불교조계종 교구본사 가운데 가장 한적한 사찰은 아마 경북 의성 고운사리라. 절 입구에 사하촌은 고사하고 조그마한 가게 하나 없다. 고요하고 걷기 좋은 절이다. 절 입구 주차장에서 10여 분 정도 천천히 걷다 보면 고풍스러운 건물들이 드러나기 시작한다. 참으로 평온한 절이다.

그 평온한 절에 나름 유명한 호랑이 벽화가 있다. 처음 고운사를 찾는 사람은 호랑이 벽화 이야기를 듣고서 호기심에 여기저기 찾아보게 된다. 하지만 넓은 공간에서 찾기가 쉽지 않다. 원래 우화루 서

보는 사람을 따라 눈동자가
움직인다는 의성 고운사
호랑이 벽화.

쪽 벽면에 그려져 있었는데, 지금은 그 벽화 통째로 액자에 넣어 공양간 입구 왼쪽 벽면에 걸어 두었다.

고운사 호랑이 벽화는 바라보는 사람을 따라 마치 살아 움직이는 것처럼 호랑이 갈기 모양이 달리 보이고, 눈동자 또한 보는 사람을 따라 움직인다. 마치 "너는 내 눈을 벗어날 수 없어."라고 말하는 듯하다.

현재 고운사 호랑이 벽화는 언제 어떤 연유로 그려졌는지 모른다. 절을 지키는 수호신으로서 그려졌는지, '호랑이 담배 피우던 시절'이나 '호랑이와 곶감'처럼 우리에게 친근한 민화로 그려졌는지 궁금증을 자아낸다. 보는 사람마다 다양하게 생각하리라.

은혜 갚는 호랑이, 여인을 스님에게

이처럼 고운사 호랑이에 대해 다양한 생각이 가능한 이유는 옛이야기에서 호랑이가 여러 모습으로 등장하기 때문이다. 그 가운데 소백산 희방사나 계룡산 남매탑에 얽힌 이야기에는 단순한 미물로 등장한다.

우선 희방사 이야기다. 희방사는 신라 선덕왕 12년인 643년에 두운대사가 창건하였다. 그 창건 설화가 재미있다.

두운대사는 태백산 심원암에서 소백산 연화봉 아래 동굴로 수행처를 옮겨 정진하였다. 어느 겨울밤 호랑이가 굴 안으로 갑자기 뛰어 들어와 고개를 흔들며 고통을 호소하였다. 사람을 잡아먹다가 비녀가 목에 걸렸기 때문이었다. 대사는 비녀를 뽑아 호랑이를 살려 주었다.

그 후 며칠 뒤 인기척이 나서 굴 밖으로 나가 보니 호랑이 옆에 웬 여인이 정신을 잃고 쓰려져 있었다. 정성껏 보살피니 곧 여인은 정신이 들었다. 사연인즉 여인은 어느 마을의 호장(戶長, 마을 관리의 우두머리) 유석이라는 사람의 무남독녀로 혼인한 뒤 신방에 들었는데, 별안간 눈앞에 불이 번쩍한 뒤로 의식을 잃었다고 한다. 아마 호랑이가 은혜를 갚으려 한 모양이었다.

때는 겨울이라 눈 덮인 산을 나갈 수 없어 여인을 집으로 바로 돌려보낼 수 없었다. 대사는 동굴 안에 싸리나무로 경계를 나눠 함께 겨울을 지냈다. 그리고 겨울이 지나 여인을 집으로 데려다주었다. 실종된 딸이 살아서 돌아오자 여인의 아버지는 은혜를 갚고자 동굴 앞에 절을 짓고 땅을 보시하였다. 또한 계곡에 무쇠 다리를 놓아 주었다.

현재 수철리(水鐵里)라는 마을 이름은 이 다리에서 유래하였다. 그리고 희방사(喜方寺)라는 이름은 은혜를 갚아 기쁘다는 '희'와 대사의 참선방이라는 의미의 '방'을 합친 것이다.

계룡산 남매탑 이야기는 여기서 좀 더 첨가된다. 남매탑은 동학사에서 산 위로 3킬로미터 정도 떨어진 청량사지에 있다. 각각 5층과

7층석탑으로 보물로 지정되어 있는 남매탑은 '오뉘탑'이라고도 부른다. 이야기는 희방사 이야기와 결이 비슷하지만, 여인이 출가 수행한다는 점이 다르다.

옛날 상원 스님은 계룡산 기슭에서 움막을 짓고 수행을 하고 있었다. 어느 겨울날 목에 뼈가 걸려 고생하는 호랑이를 구해 주었다. 며칠 뒤 호랑이는 아름다운 여인을 업어 놓았다. 스님은 기절한 여인을 따뜻이 간호하여 소생시켰다. 사연인즉 경상도 상주 사는 여인으로 혼사를 치른 날 신방에서 볼일 보려고 나왔다가 호랑이를 만나 기절해 버렸다고 하였다.

스님은 겨울을 보낸 뒤 처녀를 고향에 데려다주었는데, 부모가 말하였다.

"어떤 인연인지 모르지만, 호랑이에게 물려 죽을 내 딸을 구해 주었으니 스님이 데리고 가시오."

여인 또한 스님의 불심에 감화하여 연모의 정을 품고 있었다. 그러나 수행자로서 부부의 인연을 맺을 수 없는 법. 여러 차례 설득과 논의 끝에 의남매의 인연을 맺어 함께 수행하기로 하였다.

여인은 스님과 함께 계룡산으로 돌아와 머리를 깎고 수행 정진하였다. 두 스님은 주위로부터 존경받으며 수행하다가 한날한시에 열반에 들었다. 신도들은 두 스님의 높은 뜻을 기리기 위해 두 탑을 세웠다. 후대 사람들은 이를 남매탑이라 이름하였다.

이야기는 다양한 형태로 조금씩 다르게 전해진다. 스님은 당나라 스님이나 멸망한 백제 왕족으로, 탑을 세운 이는 여인의 아버지로, 상주 여인이 아니라 경주 여인으로 등등. 한편 이야기 배경은 주로 신라 7세기 무렵인데, 탑은 고려시대 작품이다. 따라서 두 기의 탑을 보고 후대 사람들이 지어낸 이야기는 아닌지 추정할 뿐이다.

호랑이를 산신으로 모시다

여하튼 희방사나 남매탑 이야기는 비슷하다. 여기서 호랑이는 엉뚱하게 은혜 갚는 미물로 등장한다. 호랑이의 사나움과 친근함을 함께 느낄 수 있는 이야기다. 이러한 호랑이의 사나움과 친근함은 미물이 아니라 군자(君子)나 신(神)의 위치로 우리에게 다가오기도 한다.

호랑이는 예로부터 우리 조상에게 무서운 존재로 경외의 대상이었다. 그래서 호랑이를 산의 군자로 칭송하여 산군(山君)이라고도 불렀다. 소위 아부하여 부르는 말이다. '당신을 산의 군자로 칭송하오니 저희를 어여삐 여기시어 해치지 말아 주소서.' 이런 의미라고 할까. 더 나아가 산의 신, 산신(山神)으로까지 칭송하여 산신의 예를 올리기도 한다. 따라서 산신각에는 호랑이가 자리하고 있다.

간혹 산신각에 산신 할머니가 있다. 산 그 자체가 산신이기 때문이다. 산이 모든 만물을 생성하고 안아 준다는 의미에서 어머니의 특징

산신 할머니와 호랑이가 함께 있는
하동 쌍계사의 산신도.

산신 할아버지와 할머니가
호랑이와 함께 있는
공주 마곡사의 산신도.

을 잡아 산신을 할머니로 한다. 이때 산신 할머니와 함께 있는 호랑이는 산신의 수호자 느낌이 강하다.

그런데 일반적으로 산신은 대부분 할아버지다. 이는 바로 산신인 호랑이의 용맹스러움에서 아버지의 특징을 잡아 할아버지로 한 것이다. 호랑이가 바로 산신이고, 산신 할아버지가 바로 호랑이다. 또한 산 자체를 산신 할아버지로 보기도 하는데, 이때도 호랑이는 산신의 수호자로 볼 수 있다. 그렇다면 공주 마곡사나 원주 치악산 구룡사처럼 할아버지와 할머니가 동시에 있는 경우는 어떻게 보아야 하지?

토끼, 보살행을 하다

자신의 몸을 보시한 토끼왕

우리가 사는 지구 주위를 달이 돌고 있다. 달은 스스로 한 바퀴 도는 자전 주기와 지구 주위를 한 바퀴 도는 공전 주기가 한 달로 같다. 그러므로 지구에서 보는 달은 언제나 같은 면만을 보게 된다. 둥글게 생긴 달의 뒷면은 보지 못한다.

우리가 보는 둥근 달은 달 표면의 굴곡에 따라 명암이 다르다. 이명암에 의해 달 표면은 무늬를 띠게 된다. 그것을 옛날부터 절구 찧는 토끼의 모습으로 생각하였다. 『잡아함경』 제22권을 보면 달을 '날아다니는 토끼 모양'으로 비유하고 있는데, 우리나라뿐만 아니라 저 멀리 부처님의 나라 인도에서도 달을 토끼로 비유한다는 것이 흥미롭다.

경전 가운데 가장 유명한 토끼 이야기는 선인(仙人)을 공양하기 위해 자기 몸을 불사른 인연 이야기다. 다음은 『찬집백연경』 제4권에 나오는 내용이다.

부처님께서 기원정사에 계실 때, 발제 비구가 있었다. 그는 출가하여 도에 들었으면서도 마음속으로는 항상 세속의 인연을 좋아하였다. 그때 세존께서 발제의 선근이 이미 성숙하여 교화를 받을 수 있다고 생각하고 아난에게 말씀하셨다.

"네가 발제 비구를 불러 나의 처소까지 오게 하여라."

곧 발제 비구가 불려 왔다. 부처님께서는 그에게 숲에 들어가 선한 법을 닦도록 말씀하셨다. 그는 숲속에 들어가 수행한 지 오래지 않아 곧 아라한이 되었다. 그때 여러 비구가 이 일을 보고 나서 부처님께 여쭈었다.

"세존이시여, 발제 비구는 과거세에 어떠한 복을 심었기에 출가하여 세속의 인연을 좋아하다가도 다시 부처님을 만나 이 도과를 얻게 되었습니까?"

부처님은 말씀하셨다.

"비구들이여, 다만 내가 지금에 와서 저 비구를 교화한 것뿐만 아니라, 과거세에도 저 비구를 교화한 일이 있었다.

과거세 바라나시 나라의 어떤 선인이 숲속에서 과일과 물만으로 오랜 세월에 걸쳐 선도(善道)를 닦아 오고 있었다. 그런데 심한 가뭄을 만나 흉년이 들어 굶주림과 목마름이 절박한지라 곧 마을에 들어가 걸식하려 하였다. 그때 바로 보살인 토끼왕이 여러 토끼를 거느리고 물과 풀을 찾아가던 도중이었는데, 선인이 굶주림과 목마름에 시달려 마을에 들어가 걸식하려는 것을 보고 곧 앞에 나와 말하였다.

'내일 변변치 못하지만 우리들의 공양을 받으시오. 그리고 또 좋은 법(가르침)이 있으니 당신은 들어보시오.'

선인이 이 말을 듣고 생각하였다.

'저 토끼왕이 혹시 날짐승 길짐승이 죽을 것을 보고 그것으로 음식을 만들어 나에게 공양하려는 것이 아닐까.'

이와 같이 생각한 끝에 결국 허락하였다. 다음 날 토끼왕은 여러 토끼와 선인이 모인 자리에서 좋은 법을 설하였다. 그리고 손수 마른 나무를 땅에 쌓아 불을 사르고서 스스로 그 불덩어리 속으로 뛰어들었다. 이 광경을 본 선인이 곧 앞에 나가 끌어안았으나 덧없는 생명은 이미 세상을 달리하였다. 선인은 큰소리로 이렇게 외쳤다.

'대사여, 어쩌다 하루아침에 우리를 다 버리고 가셨나요. 다시는 법을 들을 수 없습니다.'

그 슬픔을 말로는 다할 수 없었다. 그때 바로 온 땅이 진동하고 천상의 미묘한 꽃이 퍼부어 토끼왕의 위를 덮었다. 선인도 이것을 보고 대비심을 닦아서 감히 토끼왕의 살을 뜯어 먹지 못하였다. 그뿐만 아니라 그 뼈를 거둬서 탑을 세워 공양하였다.

비구들이여, 그때의 보살인 토끼왕은 바로 나의 전신이었고, 선인은 바로 지금 발제 비구의 전신이었다. 그 당시 나의 말에 따라서 설법을 들었기 때문에 이제 또 나를 만나 출가, 수도하게 되었다."

이 내용은 약간씩 내용을 달리하면서 여러 경전에 전해 오고 있다.『보살본연경』에서는 토끼왕의 묘한 법문을 우연히 들은 바라문이 토끼왕에게 법을 청하고 함께 생활하는 것으로 설정되어 있다. 그 뒤 내용은『찬집백연경』의 내용과 비슷하다.

보살행을 한 토끼를 달에 새기다

한편『서유기』탄생과 관련이 있는 중국 현장 스님의『대당서역기』에는 비슷하지만 다른 토끼 이야기가 전한다.『대당서역기』제7권에서는 토끼 모양이 새겨진 달과 관련해 재미있게 설명한 내용이 나와 있다.

여우, 토끼, 원숭이가 사이좋게 지내는 숲속에 제석천이 나타난다. 제석천은 보살행을 수행하던 동물들을 시험하기 위해 노인으로 변하여 배고픔을 호소하였다.

그러자 동물들은 각자 음식을 찾으러 갔다. 잠시 후 여우는 생선을 한 마리 잡아 오고, 원숭이는 숲에서 과일을 가져왔다. 그러나 토끼는 아무것도 못 찾고 빈손으로 왔다. 노인은 말하였다.

"너희들이 사이가 좋은 것만은 아니구나. 여우와 원숭이는 힘을 합쳐 먹을 것을 가져왔는데, 토끼는 빈손으로 온 것을 보니 다른 마음이 있구나."

토끼는 자신을 비난하는 소리를 듣고 원숭이와 여우에게 말하였다.

"장작과 풀을 많이 베어서 모아 온다면, 그때 무엇인가 만들어 내겠다."

원숭이와 여우가 장작을 높이 쌓았다. 그러자 토끼가 곧 불을 붙이고는 말하였다.

"내 몸은 천하여 아무것도 찾아오지 못하였습니다. 그래서 미약한 이 몸이나마 한 끼 식사로 공양하고자 합니다."

이렇고 말을 마치고 불길 속으로 뛰어들어 목숨을 마쳤다. 이때 노인은 다시 제석천의 몸으로 돌아와 토끼의 행동을 높이 기리기 위하여 달 가운데 토끼의 모습을 남겨 두었다.

그리하여 사람들은 달 가운데 토끼의 모습이 여기에서 유래되었다고 말한다.

연약한 토끼이지만 그 마음만큼은 강하다. 달에 새겨진 토끼는 단순하게 절구질을 하는 토끼가 아니라, 자신을 던져 가르침을 전한 보

토끼가 그려진 달을 들고 있는
포항 황해사 만월보살.

살이다. 더구나 『찬집백연경』 이야기에서는 토끼가 석가모니부처님의 전생이라고 하니, 이제 우리 눈에 보이는 달 속 토끼는 그냥 토끼가 아닌 셈이다.

달과 관련된 토끼 모습은 사찰 곳곳에서 볼 수 있다. 약사여래 또는 치성광여래(칠성각 본존불) 좌우에 있는 보살이 일광보살, 월광보살이다. 자세히 보면 간혹 월광보살의 보관이나 손에 든 둥근 달에 옥토끼가 그려져 있다. 그리고 만월관음이 달을 들고 있는 경우, 가끔 그 안에 토끼가 있다. 참고로 일광보살의 경우에는 세 발 달린 까마귀인 삼족오가 그려져 있다. 예부터 옥토끼는 달과 연결하고, 삼족오는 해와 연결하였다. 태고종 스님의 가사에는 해와 달을 상징하는 원 안에 토끼와 삼족오가 있다.

아기 부처님을 목욕시키는 아홉 마리 용

용은 상상의 동물이다. 그러나 상상의 동물이라고 하기에는 우리 삶
과 이야기에 자주 등장한다. 그것도 너무나 다양하게. 어떤 경우에는
괴로움을 주는 악한 동물로, 어떤 경우에는 희망과 힘을 주는 선한
동물로 등장한다. 또한 기린, 주작, 현무 등 다른 상상의 동물과 달리
용은 동서양을 막론하고 등장한다.

불교가 발생한 인도에서도 용이 등장한다. 용은 육도 중생 가운데
축생에 해당하지만, 신통한 힘이 있기에 여타 축생과 다른 위치를 차
지한다. 이러한 신통한 힘 때문에 용은 나중에 불법을 지켜주는 호법

• 구룡이 아기 부처님을 목욕시키는 장면을 그린 천안 각원사의 그림.

신장이 되기도 한다. 불교에서 용은 석가모니부처님의 탄생 때부터
등장한다.

오른쪽 옆구리로 태어난 아기(석가모니부처님)는 오른손으로 하늘을
가리키고 왼손으로 땅을 가리키며, 사방으로 일곱 걸음을 걸으면서
탄생게를 읊었다.

하늘 위 하늘 아래
내 오직 존귀하나니
세상이 모두 고통스러우니
내 마땅히 안온하게 하리라.

그때 큰 연꽃이 땅에서 솟아나 발을 받들고 천지가 진동하며 온 세계가 밝게 빛났다. 사방에서 천신들이 지켜보는 가운데 아홉 마리 용이 따뜻한 물과 차가운 물을 뿌려 아기를 목욕시키고, 하늘에서는 꽃비가 쏟아졌다.

이러한 인연으로 부처님오신날이 되면 찬탄의 의미로 우리도 아기 부처님에게 물을 뿌려 목욕하는 의식을 취한다. 이를 관불식 또는 관욕식이라고 한다.

부처님이 독룡을 다스리고 가르침을 전하다

그런데 부처님 일대기 가운데 용이 선한 이미지만으로 등장하지는 않는다. 부처님께서 깨달음을 이루신 무렵 전도하러 다닐 때 등장하는 용이 그렇다. 불을 섬기던 가섭 삼형제와 관련된 이야기다.

부처님은 길을 가는 도중 우루벨라 가섭(큰형)에게 하룻밤 쉬어 갈 숙소를 부탁하였다. 이에 가섭이 말하였다.

"이곳에는 이미 많은 수행자가 머물고 있습니다. 그대가 쉴 만한 곳은 없습니다."

"가섭이여, 그렇다면 당신의 사당에서라도 하룻밤 잘 수 있습니까?"

"상관은 없지만, 사당 안에는 사나운 독룡이 있습니다. 당신을 해칠 수 있습니다."

"걱정하지 마십시오. 잘 수 있게만 해 주십시오."

"사당은 넓습니다. 그렇게 하십시오."

사당에는 그들이 섬기는 세 개의 불꽃이 타오르고 있었다. 부처님은 자리를 잡고 삼매에 들었다. 한밤중이 되어 독룡이 나타났다. 독룡은 자신에게 경배도 하지 않고 자신의 처소를 차지한 부처님에게 화가 났다. 독룡은 독을 내뿜었다. 부처님은 신통력으로 독을 꽃으로 변화시켰다. 독룡은 화가 나서 불을 내뿜었다. 부처님 역시 불을 더운 기운으로 변화시켜 독룡에게 되돌려 보냈다. 독룡은 부처님이 거룩한 분임을 알고 부처님께 다가갔다. 불이 꺼지고 독이 없어지자 스스로 부처님에게 귀의하여 발우에 들어갔다.

사당에서 비치는 불빛을 보고 있던 가섭의 오백 제자들은 말하였다.

"가엾어라. 젊은 수행자가 독룡에게 죽는구나."

이튿날 아침, 사람들은 사당 앞으로 모였다. 사당에서 나온 부처님은 가섭에게 독룡이 든 발우를 내밀었다. 부처님의 높으신 법력에 가섭은 속으로는 숙였지만, 겉으로는 그럴 수 없었다. 그렇지만 향후 부처님의 여러 가르침을 통해 가섭과 그 제자들은 부처님께 귀의하였다. 그리고 다른 두 형제와 그 제자들도 부처님께 귀의하였다. 그 수가 천 명에 이르렀다. 이후 부처님은 "온 세상은 불타고 있다."고 말씀하셨다. 불을 섬기던 가섭 삼형제는 불의 성질을 잘 알고 있기에 그들에게

부처님이 독룡을 다스리는 장면을
그린 합천 해인사의 그림.
발우에 독룡이 들어 있다.

맞는 법문이었다. 이 불은 바로 탐욕의 불, 분노의 불, 어리석음의 불, 즉 탐진치 삼독의 불이다.

이처럼 가섭 삼형제의 용은 불법을 지키는 호법신장이 아니라 외도들이 모시는 독룡으로 등장하였다. 우리나라에 불교가 전해지는 과정에서도 그런 모습들이 보인다. 즉 불법을 지키는 역할이 아니라 불법에 대항하는 모습으로 말이다.

용을 몰아내고 절을 세우다

우선 강원도 원주 치악산 구룡사에 얽힌 이야기다.

구룡사 절터는 원래 깊은 연못으로 아홉 마리의 용이 살고 있었다. 의상 스님이 못을 메우고 절을 지으려 하였다. 이때 용들은 이를 막기 위해 벼락을 치고 우박 같은 비를 내려 산을 물에 잠기게 하였다. 그러자 스님은 비로봉과 천지봉을 밧줄로 연결하여 배를 매어 놓고, 배 위에서 낮잠을 즐겼다. 용들은 지금쯤 스님이 물에 잠겨 죽었다고 생각하고는 비를 멈추었다.
이때 스님은 잠에서 깨어나 한 장의 부적을 그려 못에 넣었다. 이윽고 물이 뜨겁게 끓기 시작하였다. 뜨거움을 참지 못한 용들은 물속에서 뛰쳐나와 동해로 달아났다. 그런데 그중 한 마리는 눈이 멀어 달아나지 못하고 절 위쪽의 구룡폭포 아래 용소에 숨어들었다. 그 뒤 의상대사는 못을 메우고 절을 창건하였다. 한편 동해로 달아난 나머지 여덟 마리 용은 정신없이 도망치느라 구룡산 앞산을 여덟 갈래로 쪼개 놓았다. 지금도 구룡사에서 동해로 향한 능선은 여덟 골짜기로 이루어져 있다.

용과 관련된 창건 설화는 금강산 유점사, 경기 여주 신륵사, 전남 장흥 보림사 등 여러 사찰에 전한다. 이러한 설화는 어찌 보면 다른 이가 잘 살던 곳을 스님이 빼앗은 것으로 해석할 수도 있다. 설화나 전설은 상상일 때도 있지만, 그 당시 상황을 나타낸 은유일 경우도 있기 때문이다. 따라서 불법에 대항하는 용은 불교가 우리나라에 들어올 무렵, 불교에 대해 텃세를 부린 기존 토착 세력이라고 풀이한다. 토착 세력과 대립 구조 속에서 기존 세력이 약화되고, 불교가 그 지역에 새롭게 자리 잡은 모습이 전설로 전해지는 것이다.

경남 양산 통도사에도 비슷한 이야기가 있다.

자장 스님이 중국 종남산 운제사 문수보살상에서 기도하고 있었다. 그때 문수보살이 나타나 부처님 가사 한 벌과 진신사리 등을 주면서 말씀하셨다.

"그대의 나라 남쪽 영축산 기슭에 독룡이 살고 있는 못이 있다. 그 용

자장 스님이 눈먼 용을 위해 만든
양산 통도사 구룡지.

들이 비바람을 일으켜 곡식을 상하게 하고 백성들을 괴롭히고 있다. 용이 사는 연못에 금강계단을 쌓고 불사리와 가사를 봉하라. 그러면 삼재를 면하게 되어 만대에 이르도록 불법이 전해지리라."

그 후 자장 스님은 귀국하여 선덕여왕과 함께 영축산 기슭 독룡이 사는 못에 이르렀다. 용들은 스님의 법력에 의해 허둥지둥 도망갔다. 다섯 마리는 상북면 외석리 뒤로 날아가다 떨어져 죽었다. 이 골짜기를 오룡골이라 부른다. 세 마리는 하북면 순지리 쪽으로 날아가다 떨어져 죽었다. 통도사 무풍한송길 용피바위는 그때 떨어진 용의 핏자국이라고 한다. 한 마리는 눈이 멀어 떠날 수 없어 스님에게 사정하였다. 그 용을 위해 만들어 준 연못이 적멸보궁 옆, 금강계단 앞에 있는 구룡지다. 구룡지는 아무리 가뭄이 심해도 물이 줄지 않는다고 한다.

물론 자장 스님의 설법으로 용들이 순순히 물러났다는 이야기도 전한다. 한편 영주 부석사처럼 용이 스님을 도와 기존 세력을 제압한 이야기도 있으니, 용이 무조건 불교와 대립하는 세력으로만 등장하지는 않는다. 바로 의상 스님과 선묘낭자 이야기다.

절을 세우는 스님을 도운 용

원효 스님과 의상 스님이 당나라 유학길에 비를 피하고자 잠시 머문

무덤 이야기는 너무나도 유명하다. 이 이야기에는 해골바가지 버전이 하나 있고, 무덤과 토굴 버전이 하나 있다. 여하튼 그 일을 계기로 원효 스님은 고국으로 되돌아가고, 의상 스님은 당나라로 향한다.

『송고승전(宋高僧傳)』에도 이 이야기가 나온다. 특히 이 책에는 의상 스님이 용의 도움을 받아 무사히 귀국하여 절을 창건하였다는 이야기가 전한다.

의상 스님은 669년 당나라 등주 해안에 도착하여 어느 신도 집에 머물렀다. 집주인은 스님의 뛰어남을 알아보고 자기 집에 머물도록 하였다. 얼마 후 고운 옷을 입고 화장을 아름답게 한 선묘(善妙)라는 낭자가 사랑을 속삭여 왔다. 그러나 의상 스님은 마음이 움직이지 않았다. 그러자 선묘는 대원을 일으켰다.

"내세에 태어나 스님께 귀명하고 대승을 배워 대사를 성취하겠습니다. 반드시 신도가 되어 스님에게 공양하겠습니다."

의상 스님은 그 뒤 장안의 종남산에 가서 지엄 스님 밑에서 『화엄경』을 배웠다. 스님은 극히 미묘한 도리를 이해하고, 경전의 바다에 자유롭게 노닌다는 평을 들었다.

이윽고 스님은 귀국 날짜를 정하고 등주에 있는 신도 집에 다시 들렀다. 스님은 수년에 걸친 뒷바라지에 깊은 감사를 전하였다. 그리고 상선을 타고 귀국길에 올랐는데, 뒤늦게 스님의 귀국을 알게 된 선묘는 스님에게 드릴 법복과 여러 가지 집기를 들고 해안가로 달려갔다. 그러나 스님이 탄 배는 이미 항구를 떠나 멀리 가고 있었다. 그녀는 기도를 올렸다.

"내 본래의 참뜻은 법사를 공양하는 데 있습니다. 원컨대 이 의복을 담은 함이 저 배에 날아 들어가기를 기원합니다."

그러고는 함을 바다 위로 던졌다. 마침 거센 바람이 불어서 함은 새털같이 날아 배 위에 떨어졌다. 선묘는 다시 기원하였다.

"이 몸이 큰 용으로 변하여 저 배의 선체와 노를 지키는 날개가 되어 대사님이 무사히 본국에 돌아가 법을 전할 수 있도록 해 주십시오."

그러고는 웃옷을 벗어 던지고 바다에 뛰어들었다. 진정한 원력으로 마침내 그녀의 몸은 용이 되어 배를 안전하게 이끌어 나갔다.

신라 의상 스님은 본국에 돌아온 후 산천을 두루 찾아 고구려와 백제의 힘이 미치지 못하고, 말이나 소도 접근할 수 없는 곳을 찾아다녔다. 마침내 그런 곳을 찾았지만, 이미 삿된 무리가 차지하고 있었다. 스님은 혼자 생각하였다.

'여기야말로 땅이 신령하고 산이 수려하니 참된 법륜을 돌릴 만한 곳이다. 삿된 무리가 500명씩이나 모여 있을 까닭이 무엇이냐.'

스님은 복되고 선한 곳이 아니면 대화엄의 가르침을 일으킬 수 없다고 생각하였다. 그때 스님을 항상 따라다니며 지키던 선묘룡은 대사의 생각을 알아차렸다. 그리고 허공에서 대변신을 일으켜 커다란 바위로 변하였다. 넓이와 길이가 1리쯤 되는 바위가 절 위를 덮고서 막 떨어질 듯 말 듯 떠 있었다. 그 광경에 삿된 무리는 어찌할 바를 모르고 사방으로 흩어져 달아났다.

마침내 스님은 절 안에 들어가 『화엄경』의 가르침을 펴기 시작하였다. 겨울에는 햇빛이 있는 낮에, 여름에는 서늘한 저녁에 설법하여 부르지 않아도 저절로 찾아오는 사람들이 많았다. 국왕이 존중하여 논밭과 노비를 시주하였다.

의상 스님이 부석사를 창건한 이야기다. 부석(浮石)은 '뜬 돌'이라는 뜻이다. 지금도 경북 영주 부석사 무량수전 왼쪽 뒤에 커다란 바위가 남아 있는데, 바로 선묘의 화신이라고 전한다. 그리고 무량수전 오른쪽 뒤에는 선묘낭자를 모신 선묘각이 있다.

그런데 충남 서산 부석사에도 똑같은 창건 이야기가 있다. 이때 뜬 돌은 저 멀리 바닷가 간척지에 있다. 간척되기 전에는 검은 돌들이 모인 섬이라서 바다에 떠 있는 듯 보였다고 한다. 충남 서산 부석사에도 마찬가지로 선묘각이 있다.

선묘는 스님에 대한 연모의 마음을 불법을 위한 불심으로 돌렸다. 그리하여 크게 두 번이나 몸을 바꿔 의상 스님이 『화엄경』의 가르침을 펼칠 수 있도록 도움을 주었다. 한 번은 용으로 몸을 바꿔 의상 스님이 탄 배가 무사히 신라에 도달할 수 있도록 하였고, 또 한 번은 바위로 변해 삿된 무리를 굴복하게 하였다. 이렇듯 선묘낭자는 불법의 수호자로 자리하였다. 무량수전 밑에는 지금도 돌로 만든 용이 묻혀 있다고 한다. 한편 선묘 설화는 일본의 고산사에도 전해지며, 그곳에서도 선묘낭자를 불교의 수호신으로 여긴다.

선묘의 전설이 전해지는
영주 부석사의 뜬 돌.

뱀,
새끼줄을
뱀으로 보다

부처님을 보호한 뱀

느낌으로 가장 오해를 받는 동물 가운데 하나는 뱀이다. 뱀은 생긴
모습 때문인지 사악함과 탐욕의 화신으로 여겨진다. 불교에서도 우
리의 육체를 이루는 지수화풍 사대(四大)를 네 마리 독사로 비유한
다. 더욱이 시주물을 다른 용도로 사용하였다가 구렁이로 태어난 이
야기도 여럿 있다. 그렇다고 모두 부정적인 모습으로만 등장하지는
않는다.

　석가모니부처님은 깨달음을 얻은 직후 이 나무 저 나무로 옮겨 다니

며 선정 속에서 법의 즐거움을 느꼈다. 다섯 번째 7일, 보리수 아래에서 법의 즐거움을 느낄 때였다. 때아닌 폭풍이 불고 폭우가 쏟아졌다. 그러자 나무에 살던 뱀의 왕인 무찰린다가 부처님의 온몸을 똬리로 일곱 번 감싸고 머리를 부채처럼 폈다. 거센 비바람과 추위도 무찰린다의 비늘을 뚫지 못하고, 짐승과 벌레들도 사나운 눈매에 얼씬하지 못하였다.

이레 동안의 폭풍우가 그치자 무찰린다는 부처님을 감쌌던 몸을 풀었다. 부처님은 무찰린다에게 법을 설하였다.

"법을 깨달아 마음이 기쁜 자는 홀로 있어도 행복하다. 이 세상 어떤 생명에게도 나쁜 마음을 품지 않고 자비로운 마음을 갖는 자는 행복하다. 모든 욕망의 굴레에서 벗어나 '나'라는 교만한 마음을 던져 버릴 때, 그 누구보다 행복하다."

한역 경전 등에는 무찰린다가 뱀의 왕이 아니라 용왕으로 되어 있다. 그것은 인도어 '나가'를 용으로 번역하기 때문이다. 그런데 학자들은 인도 문화에서 '나가'를 현실 세계의 뱀, 특히 코브라를 인격화한 것이라고 해석한다. 이야기에서 머리를 부채처럼 펼친 모습이 코브라의 모습과 무척이나 흡사하다.

뱀이든 용이든 경전의 이야기는 현실 세계에서 볼 수 없는 신기한 이야기다. 물론 부처님의 위대함을 표현한 내용이리라. 이 이야기에서 뱀은 부처님을 보호하는 신장의 역할을 한다. 부정적인 이미지가 아니다. 다음 이야기는 신장의 역할을 뛰어넘어 구렁이로 나타난 보살 이야기다.

구렁이로 나툰 관세음보살

옛날 평안북도 묘향산 근처 회천 땅에 금선대라는 암자가 있었다. 그곳에는 지극한 정성으로 『관세음보살보문품』을 배워 독송하는 박춘보라는 불자가 있었다. 그런데 그는 매를 길들여 꿩 사냥을 즐겼다. 어느 날 절벽 위 높은 나뭇가지에 새끼를 치고 있는 매를 본 그는 새끼 매를 잡아 키울 생각으로 나무 위로 기어 올라갔다가 그만 실족하여 낭떠러지로 떨어졌다.

그는 떨어지는 순간에도 마음속으로 『관세음보살보문품』을 외웠다. 다행스럽게도 절벽 사이 나뭇가지에 다리가 걸려 매달리게 되었다. 그러나 올라갈 수도 없고, 내려갈 수도 없는 상황이었다. 인적 없는 깊은 산속이라 이젠 꼼짝없이 죽게 되었다는 생각이 들었다. 이때 믿을 분은 오직 관세음보살뿐, 평소 가졌던 신앙심으로 관세음보살만 생각하며 계속 『관세음보살보문품』을 외웠다.

그 순간 갑자기 발밑에서 무슨 소리가 들렸다. 내려다보니 낭떠러지 아래에서 큰 구렁이 한 마리가 자기 쪽으로 기어 올라오고 있었다. '이제 저 구렁이에게 물려 죽겠구나.' 크게 겁을 먹었지만, 구렁이는 다리

밑을 지나 기어 올라올 뿐 자기에게 해를 끼칠 것 같지는 않았다.

그는 살아야겠다는 생각에 무의식적으로 구렁이 등에 칼을 꽂았다. 구렁이는 칼에 꽂히고도 아무렇지 않게 위로 기어 올라갔다. 그는 칼자루를 꽉 붙들고 구렁이 덕에 절벽 위로 올라와 목숨을 건졌다. 그는 구렁이 등에 꽂힌 칼을 빼주려고 하였다. 하지만 구렁이는 싫다는 듯 몸을 뿌리치며 달아나 버렸다. 하도 신기하고 기이하여 그는 넋을 놓고 앉아 있다가 집으로 돌아왔다.

다음 날 아침에 그는 『관세음보살보문품』을 읽다가 '홍서심여해(弘誓深如海)'라는 구절에서 그만 깜짝 놀랐다. 그 부분에 어제 구렁이 등에 꽂았던 칼이 꽂혀 있었다. 그는 낭떠러지에서 떨어질 때, 자신이 『관세음보살보문품』을 외웠던 것을 떠올렸다. 그때 '홍서심여해'까지 외우고 그 뒤가 막혔던 걸 기억해 내고는 또다시 놀랐다. 관세음보살의 가피였다. 그 후 그는 꿩 사냥을 그만두고 금선대에 살다시피 하며 날마다 독경과 염불 공부에 전념하였다.

관세음보살이 구렁이로 나투어 박춘보를 구제한 것이다. 그 상황에서 『관세음보살보문품』을 외우거나 구렁이 등에 칼을 꽂고 올라온다는 생각은 감히 누구도 하기 힘들다. 늘 『관세음보살보문품』을 외웠던 박춘보라 가능한 일이었다. 그는 꿩 사냥만 빼면 늘 관세음보살이 함께하는 불자였으리라. 죽음의 고비를 넘기고서 꿩 사냥을 접었으니, 이 또한 관세음보살의 가피가 아니겠는가.

상사병에 빠져 공주를 스토킹한 뱀

다음에는 부처님의 가피로 뱀의 집착에서 벗어난 공주 이야기가 있으니, 이제 강원도 춘천 청평사로 가 보자.

중국 원나라 순제의 딸은 무척 미인이었다. 어느 날 한 말직의 청년 관리가 궁전 뜰을 거니는 공주의 모습을 보고는 짝사랑에 빠졌다. 그러나 신분 차이로 공주에게 고백조차 할 수 없었다. 결국 청년 관리는 상사병을 앓다가 죽고 말았다.

그런데 죽어서도 공주를 잊지 못한 청년은 상사뱀이 되어 공주의 몸에 달라붙어 떨어지질 않았다. 왕과 왕후가 갖은 방법을 동원하여 뱀을 쫓아내려 하였지만 그것도 잠시뿐, 상사뱀은 다시 공주의 몸을 휘감았다. 공주는 점점 야위어 갔으나 별다른 해결책이 없었다.

죽고만 싶었던 공주는 죽기 전 명산대천이나 유람하겠다며 중국 각지를 돌아다녔다. 그리고 배를 타고 고려로 와서 금강산 구경길에 올랐다. 도중에 청평사가 유명하다는 소문을 듣고 참배하였다.

공주가 지금의 공주탑 부근에 이르자, 상사뱀은 공주가 걷지 못하도록 요동을 쳤다. 10여 년 동안 함께 있었지만 한 번도 이런 일이 없었다. 공주는 이상히 여기며 타일렀다.

"나는 지난 10여 년 동안 한 번도 너를 거슬러 본 적이 없다. 그런데 너는 어찌하여 내가 좋아하는 절 구경을 방해하는가. 들어가기 싫거든

잠깐만 여기에 떨어져 있어라. 속히 절 구경을 하고 돌아와서 너와 함께 가리라."

뱀은 곧 몸에서 떨어져 나왔다. 10년 만에 홀몸이 된 공주는 절 안으로 들어갔다. 절에서는 마침 가사불사 법회가 진행 중이었다. 공주는 목욕재계하고 가사불사에 동참하였다. 이 세상에서 가장 거룩한 옷인 가사를 만들어 올리겠다는 마음으로 열심히 바느질을 하였다.

공주를 기다리던 상사뱀은 기다림에 지쳐 공주를 찾아 나섰다. 그 순간 갑자기 비바람이 몰아치고 벼락이 떨어져 상사뱀을 새까맣게 태웠다. 법회를 마치고 돌아온 공주는 죽어 있는 뱀을 발견하였다. 한편으로는 시원하기도 하고, 한편으로는 가련하기도 하였다. 공주는 뱀의 사체를 거두어 정성껏 묻어 주었다. 마침내 뱀으로부터 해방된 공주는 본국의 아버지에게 이 사실을 알렸다. 순제는 부처님 은덕에 감사하며 법당불사를 하였다. 공주는 구성폭포 위에 3층석탑을 세우고 부처님께 공양을 올렸다. 이후 공주는 얼마간 머물다가 본국으로 돌아갔다. 이때부터 청평사 3층석탑을 공주탑이라 부르게 되었다.

원나라가 아니라 당나라 공주이며, 청년은 상사병으로 죽은 것이 아니라 황제의 노여움을 사서 형장의 이슬로 사라졌다는 다른 내용의 이야기도 있다. 이야기야 어떻든, 오늘날로 보면 뱀은 스토커도 보통 스토커가 아니다. 어쩌면 집착을 뱀으로 비유한 것은 아닐까.

그 뱀이 다름 아닌 무엇인가에 정신 놓고 있는 나 자신이라면, 위

공주와 상사뱀 이야기가 전하는
춘천 청평사 오르는 길의 조각상.

기 상황에서도 『관세음보살보문품』을 외우는 박춘보처럼 그 정신을 빨리 배워야 하지 않을까. 박춘보는 낭떠러지 나무에 매달리고 구렁이가 옆으로 지나가는 위기 상황에 직면하였다. 그러나 정신을 놓치지 않고 현실을 파악하여 구렁이에 칼을 꽂아 구렁이를 타고 낭떠러지를 올라와 살 수 있었다. 구렁이라는 위기 상황을 살아갈 방법이라고 돌이켜 생각하지 않았다면 어떻게 되었을까. 위기 상황에서도 정신을 놓지 않고 깨어 있었기에 가능한 일이었다.

앞에서 언급한 부처님 말씀이 생각난다.

"모든 욕망의 굴레에서 벗어나 '나'라는 교만한 마음을 던져 버릴 때, 그 누구보다 행복하다."

그러나 그것이 쉬운 일이겠는가. 새끼줄을 보고서 뱀이라 우기는 것이 우리 중생들의 삶인데 말이다. 노력하고 또 노력할 일이다.

말,
생각은 말처럼
내달린다

삿다르타 태자의 애마, 칸타카

석가모니부처님이 출가하기 전 함께한 애마의 이름은 칸타카다. 칸타카는 석가족 나라의 성(城)인 카필라성에서 가장 뛰어난 말로 싯다르타 태자의 총애를 받았다. 칸타카는 싯다르타 태자가 야소다라를 아내로 맞이할 때에도 큰 공을 세웠다. 당시 관습에 따라 청년들은 신붓감을 얻기 위해 학문과 무예 등을 경합하였다. 무예 시합에는 활쏘기, 승마, 검술 등이 있었다. 이 무예 시합에서 싯다르타는 당당히 1등을 차지하였다. 이는 애마였던 칸타카의 활약도 한몫하였다.

　그런데 불교를 아는 분이라면 애마 칸타카의 이름을 듣는 순간, 싯다르타 태자의 출가 장면이 떠오를 것이다.

마침내 출가를 결심한 싯다르타 태자는 깊은 밤 마부 찬나의 방으로 향하였다.

"일어나라, 찬나야."

"태자님, 이 밤에 무슨 일이십니까?"

"칸타카에게 안장을 얹어라. 갈 곳이 있다."

싯다르타 태자는 그렇게 카필라성을 나오면서 다짐하였다.

'생로병사의 이 고통을 해결하지 못한다면 고향으로 돌아오지 않으리라. 최상의 진리를 얻기 전에는 결코 나를 키워 주신 마하파자파티와 부인 야소다라를 찾지 않으리라.'

태자는 아노마강을 건너 찬나, 칸타카와 이별을 고하였다.

"이제 너희들이 할 일은 끝났다. 곁에서 시중드느라 수고 많았다, 찬나. 칸타카와 함께 궁으로 돌아가라."

궁으로 돌아온 찬나는 자초지종을 정반왕에게 아뢰었다.

이후 싯다르타 태자가 깨달음을 얻고 가르침을 펼칠 때, 찬나는 비구가 된다. 애마 칸타카는 주인이 떠난 후 크게 상심하여 시름시름 앓다가 죽고 말았다. 그렇지만 브라만 계급으로 다시 태어나 부처님의 설법을 듣고 깨달음을 얻었다는 이야기가 전한다.

한편 싯다르타 태자가 칸타카를 타고 성을 나올 때, 제석천이 산

개(傘蓋, 양산)를 들고 앞장섰고, 말발굽 소리가 나지 않도록 사천왕이 말 다리 하나씩을 들었으며, 정거천인은 성을 지키는 사람들을 잠들게 하였다는 이야기도 전한다. 혹은 북방 사천왕인 비사문천이 앞장섰고, 야차가 말 다리를 받들었다고 한다. 이러한 내용은 팔상도 등 불교 미술에 잘 묘사되어 있다.

불교가 중국으로 처음 전해질 때
백마가 함께하다

부처님의 출가에 칸타카라는 말이 등장하는 것처럼, 불교가 중국으로 처음 전해질 때도 말이 등장한다. 이 말 역시 칸타카처럼 백마다.

> 후한 명제 영평 7년 황제는 몸이 여섯 길이나 되고 이마에 해처럼 밝은 빛을 띤 신인(神人)이 궁전을 돌다가 황제의 자리를 가리키며 가르침을 세우라는 꿈을 꾸었다. 꿈을 깬 황제가 군신에게 꿈 이야기를 하니, 그 신인이 바로 서방의 성인(부처님)이라는 말을 듣게 되었다.
> 명제는 진경, 왕준 등 열여덟 명을 서역에 보내 법을 구하게 하였다. 그들은 월씨국에 이르러 가섭마등, 축법란이라는 두 인도 스님을 만났다. 그 두 스님을 모시고 불상과 『사십이장경』 등을 백마에 싣고 낙양으로 돌아왔다. 그때가 영평 10년 12월 30일이었다. 황제는 칙령을

전남 영광 마라난타사의 조각.
위쪽에 칸타카와의 이별 장면이, 아래쪽에 성을 나가 출가하는
싯다르타 태자의 장면이 묘사되어 있다.

내려 절을 짓고 홍려사라 이름하였다.

그러나 도교와 갈등이 있어 결국 경전을 태우는 신통을 겨루게 되었다. 도교 경전을 불에 태우자 재가 되었는데, 노자가 지은 도와 덕 두 경전만 겨우 불 속에서 끄집어내었다. 반면 불경과 불상에 불을 붙여 태우자, 그 불이 연꽃으로 변해 허공 가운데 솟구쳐 조금도 손상되지 않았다. 황제는 칙령을 내려 홍려사를 백마사로 고치게 하고 불상을 모시도록 하였다. 가섭마등, 축법란 두 스님은 그 절에 머물며 여러 경을 번역하였다.

불교가 처음 전해질 때 이야기라 남아 있는 기록에 다소 차이가 있다. 보통 『사십이장경』을 최초의 한역 경전이라 하고, 백마사(홍려사)를 중국 최초의 사찰이라고 한다. 그리고 사(寺)는 원래 관청을 뜻하는 시라는 한자였는데, 이후 관청과 사찰을 구분하기 위하여 사찰을 사(寺)라 하였다.

중국 백마사의 이야기가
우리나라 보경사로 이어지다

그런데 이 백마사 이야기는 우리나라 포항 보경사로 이어진다. 보경사의 금당탑기에 다음과 같은 창건 연기 설화가 전한다.

신라 일조 스님이 당나라에 유학 갔다가 귀국할 때였다. 일조 스님의 스승인 마등, 축법란 두 스님이 팔면원경(八面圓鏡)을 내어주며 말하였다. "동해 끝 남산 밑에 있는 용담호 깊은 곳에 이 거울을 묻고 그곳에 사찰을 세우면 불법이 만대에 번성하리라."

마등 스님, 축법란 스님은 본래 서역 출신으로 중국에 들어올 때 십이면원경과 팔면원경이라는 거울을 가져왔다. 그리고 십이원면경을 낙양의 성 바깥에 묻어 절을 세웠다. 두 스님이 중국에 올 때 백마에 경전과 보경을 싣고 왔다 하여 그 절을 백마사라 하였다. 그때의 팔면원경이 일조 스님을 통해 우리나라에 들어왔다.

그런데 다른 창건 연기 설화에 의하면, 보경사는 신라 지명 스님이 602년 창건하였다.

지명 스님은 진나라에 유학하였다. 그때 어느 도인으로부터 팔면보경(八面寶鏡)이라는 거울을 받았다.

"이 팔면보경을 동해안의 명산 명당에 묻으면 동해로 침입하는 왜구를 막고 이웃 나라의 침입을 받지 않으며 삼국을 통일하리라."

스님은 신라에 들어와 진평왕에게 전하였다. 왕은 스님과 함께 여러 곳을 찾아다녔다. 바로 내연산 아래 큰 못이 있는 자리가 적격이었다. 그리하여 그 못을 메우고 팔면보경을 묻어 금당을 세우고 절을 지었고, 팔면보경을 묻은 곳이라 하여 보경사라 이름하였다.

이야기가 다소 다르더라도 보경사는 저 멀리 중국, 인도와 연결이 된다. 그리고 보경은 불법을 상징한다. 말 이야기를 하다가 보경사 이야기까지 왔다.

말과 마부, 업보를 이야기하다

말은 사람과 가까우면서 특히 운송에 큰 역할을 한다. 운송 역할을 하는 말을 소재로 하여 업과 관련한 이야기가 하나 있다.

어느 날 보살(여신도)이 스님을 찾아와 하소연하였다.

"스님, 어떻게 하면 좋겠습니까? 제 남편이 평소에는 저에게 그렇게 다정하게 잘해 주는데, 그놈의 술만 들어가면 이유도 없이 폭력을 행사합니다. 어떻게 하면 좋겠습니까?"

스님은 잠시 생각에 잠긴 후 말하였다.

"보살님, 참 안타까운 일이군요. 그런데 제가 방편 하나를 알고 있는데, 저를 믿어 보고 한번 해 보시겠습니까? 다른 게 아니고 오늘부터 방에다 볏단을 두고 지내보세요."

스님의 말씀을 들은 보살은 다른 방도가 없어 마지막이라는 심정으로 스님 말씀대로 하였다.

그날 역시 남편은 술에 취해 집에 들어와서는 부인을 보자마자 폭력

거울을 묻은 곳에 세워졌다는 설화가 전하는
포항 보경사 전경.

성을 드러냈다. 무엇인가 때릴 것을 찾다가 마침 방에 있는 볏단을 발견하였다. 남편은 볏단으로 부인을 때리기 시작하였다. 그런데 볏단으로 몇 번 때리더니 곧 멈추고 잠이 들었다. 그날 이후 고주망태가 되어 들어와도 부인에게 평소처럼 다정하게 대하였다.

보살은 스님에게 찾아가 고마움을 표하며 어떤 이유인지 묻자, 스님이 대답하였다.

"보살님은 전생에 마부였고, 거사는 말이었습니다. 전생에 말이었던 거사가 마부인 보살에게 맞은 업을 이번 생에 갚고자 술만 마시면 그렇게 보살을 때린 것입니다. 그런데 볏짚을 묶은 볏단으로 때렸으니 몇 번만으로도 그 업이 한꺼번에 정리된 셈입니다. 다시는 그 업이 반복되지 않도록 서로 다정하게 사세요."

불교에서 업은 고정된 것이 아니다. 지금 나의 행위에 따라 새롭게 변하고 사라질 수 있다. 그런데 그렇게 하기 힘든 이유는 말처럼 밖으로 내달리는 생각을 돌이켜 자신을 살피지 못하기 때문이리라. 경전에는 마음과 생각을 각각 원숭이와 말에 비유한다.

심원의마(心猿意馬), 말처럼 밖으로 내달리는 생각은 업으로 마음에 저장되고, 원숭이가 나뭇가지를 이어 잡으며 움직이는 것처럼 업이 저장된 마음은 그렇게 이어진다. 가끔 하늘을 보는 여유가 밖으로 내달리는 생각의 말을 다스리는 시간이 될 수 있음을 새겨 두자.

부처님 품에 안긴 어린 양

순진하다는 말은 무엇인가 잘 모른다는 말과 통한다. 무엇인가 칭찬
할 것이 없는 사람에게 하는 말이 "사람은 착한데", "사람은 순한데"
같은 말이다. 그런 의미에서 필자의 지인 중 한 사람은 착하다는 말
을 욕으로 여긴다.

  이런 순하다는 말에 어울리는 동물이 바로 양이다. 그런데 경전에
서는 양을 무지한 중생으로 비유하기도 한다.

  만약 게으름에 의해 무너진 자라면 곧 부지런하지 않으니, 위덕이 없

고 양과 다르지 않아서 그는 곧 지혜가 없다.

－『정법념처경』

그렇게 순진하고 어리석은 중생을 제도하고자 불보살은 마음을
낸다. 이와 관련된 불상이 전남 보성 대원사 티벳박물관에 있다. 바
로 어린 양을 안고 있는 부처님 모습이다. 참으로 보기 힘든 불상이
다. 실제로 티베트에서 조성한 불상이다. 자연스럽게 예수의 모습이
떠오른다. 지역이나 시대는 달라도 양에 대한 이미지는 비슷한가 보
다. '어린 양을 안고 있는 부처님'에 대해 박물관에서는 다음과 같이
설명한다.

깨달음을 얻고 중생을 돕는 데에는 세 가지 발심(發心)이 있다고 한
다. 첫째 왕과 같은 발심, 둘째 뱃사공과 같은 발심, 셋째 목동과 같은
발심이다.
왕과 같은 발심은 내가 먼저 왕이 되어서 인간의 괴로움을 없애 주겠
다는 마음이다. 뱃사공과 같은 발심은 내 배에 탔으니 사람들을 저 언
덕까지 안전하게 건너도록 해 주겠다는 마음이다. 목동과 같은 발심
은 양 떼들을 먼저 안전한 우리에 넣어 주고, 자신은 마지막에 성불하
겠다는 마음이다. 이 가운데 목동과 같은 발심은 지장보살과 같은 서
원으로 가장 위대한 발심이라고 한다.

보성 대원사 티벳박물관에 있는
어린 양을 안은 부처님.

지장보살은 '육도 중생을 모두 제도하기 전에는 저는 성불하지 않겠습니다'라는 서원을 세운 분이다. 육도 중생 가운데 지옥이 가장 힘든 곳이라 보통 '지옥 중생이 한 중생이라도 남아 있으면 저는 성불하지 않겠습니다'라는 서원을 세웠다고 널리 알려져 있다. 그런데 필자가 본 경전에서는 꼭 집어서 '지옥'이라고 하지 않고 '육도 중생' 또는 '삼계 중생'이라고 표현되어 있다.

일천제와 백양의 뿔

여기서 용어 하나를 알고 가자. 바로 '일천제(一闡提)'라는 용어다. 이 말은 산스크리트어 '이찬티카'를 한자로 음역한 말이다. 일천제는 '욕구를 계속하는 사람' 또는 '착한 성품이 끊어진 자'라는 뜻으로, 부처님이 될 조건이 조금도 없는 중생을 의미한다.

그런데 지장보살을 다른 말로 천제보살이라고 한다. 이때 천제는 일천제를 말한다. 따라서 지장보살은 부처님이 될 수 없는 보살이다. 그렇지만 착한 성품이 끊어져 부처님이 될 수 없는 중생과 달리 지장보살처럼 일체 중생을 제도하고자 일부러 성불하지 않겠다고 하는 경우를 대비(大悲)천제라고 한다. 생각해 보면 지장보살은 부처님이 안 되는지 못 되는지 애매하다.

육도 중생을 모두 제도하기 전에는 성불하지 않겠다고 시원하였으니 '부처님이 안 되는 것'에 해당한다. 그렇지만 그 육도 중생을 모두 제도하기는 불가능에 가까우니 '부처님이 못 되는 것'이기도 하다. 여하튼 지장보살의 서원은 어느 보살보다도 크다. 그 서원의 길에 가장 큰 걸림돌이 바로 일천제다.

이 일천제를 보통 백양의 뿔로 비유한다.

> 또 선남자야, 비유하면 다음과 같다. 금강을 깨뜨릴 물건이 없으나 금강으로는 모든 물건을 깨뜨릴 수 있다. 다만 거북이의 껍데기와 백양의 뿔은 제외한다. 대열반의 미묘한 경전도 그와 같아서 한량없는 중생들을 보리의 도에 이르게 하지만, 다만 일천제만은 보리의 인(因)에 서게 하지 못한다.
> −『대반열반경』

일천제는 착한 성품이 하나도 없어 어떤 부처님 말씀으로도 제도하기 힘들다. 쇠귀에 경 읽기는 비교가 되지 않는다. 마치 세상에서 제일 단단한 물질인 금강으로도 깨뜨릴 수 없는 거북이 껍데기와 백양의 뿔과 같다.

『금강경』을 '다이아몬드 수트라'라고 번역한다. 지극히 오늘날 입장에서 한 번역이다. 위『대반열반경』에 의하면 금강은 다이아몬드가 아니다. 다이아몬드로는 거북이 껍데기와 백양의 뿔을 깨뜨릴 수 있기 때문이다. 여하튼 금강은 경전 말씀대로 그 시대에서 '어떤 무엇으로도 깨뜨릴 수 없는 물건'이다. 그런데 그 금강도 백양의 뿔을 깨뜨릴 수 없다. 그만큼 일천제(백양의 뿔)에게는 진리의 말씀(금강)이 들어갈 틈이 없다.

그렇다면 일천제는 결코 성불할 수 없는가? 실제 논쟁이 있었다.

『대반니원경』에는 일천제 이야기가 등장한다. '니원'은 열반을 말한다. 이 경전이 처음 전해졌을 때, 일천제는 성불할 수 없다고 보았다. 그런데 도생 스님(355~434)은 이 경에 있는 '일체중생실유불성(一切衆生悉有佛性, 모든 중생은 부처님 성품을 가지고 있다)'이라는 구절을 통해 일천제 또한 성불할 수 있다고 주장하였다. 그렇지만 그 당시에는 도생 스님의 주장을 받아들이지 않았다. 답답한 스님은 돌무더기에 가서 돌들에게 그 법문을 하였다. 이때 돌들이 끄덕끄덕하였다는 이야기가 전한다.

이후 420년 『대반열반경』 40권이 새롭게 번역되었다. 그리고 이 경전이 430년 말 논쟁 지역에 전해짐으로써 도생 스님의 견해가 증명되었다. 이 경에는 일천제의 성불을 언급하고 있다. 일천제 또한 불성에 대한 믿음을 가지고 훌륭한 인연을 만나면 성불의 조건을 가질 수 있다는 것이다.

『법화경』, 양, 그리고 백양사

'모든 중생에게는 부처님 성품이 있다.'는 말씀이 부처님께서 우리에게 궁극적으로 전하고 싶은 가르침이다. 그러나 중생들이 이러한 가르침을 받아들이기 힘들었다. 그러므로 부처님께서는 여러 방편으로 그 말씀을 전하고자 하였다. 이러한 과정을 『법화경』「비유품」에서 '불타는 집의 비유'로 잘 설명하고 있다. 이 내용은 앞서 소에 관한 이야기에서 상세히 언급하였다.

즉 부처님은 중생들에게 성문에 대한 가르침, 연각에 대한 가르침, 보살에 대한 가르침을 전한 뒤, 어느 정도 상황이 되었을 때 마지막 일불승(一佛乘)에 대한 가르침을 전하였다. 이 가르침이 바로 '모든 중생에게 불성이 있다'라는 가르침이며, '네가 바로 부처님이다'라는 가르침이다.

『법화경』「비유품」에는 네 가지 수레가 언급된다. 양이 끄는 수레는 성문승, 사슴이 끄는 수레는 연각승, 소가 끄는 수레는 보살승, 커다란 흰 소가 끄는 수레는 일불승을 말한다.

연각승을 사슴이 끄는 수레에 비유한 것은 사슴이 사람을 멀리하기 때문이라고 한다. 연각은 독각이라고도 하며, 십이연기를 통해 홀로 깨달음으로 나아가는 이들을 말한다.

그렇다면 성문승을 양이 끄는 수레로 비유한 까닭은 무엇일까. 추측하건대 양은 사람 가까이 있기 때문이리라. 성문은 부처님 가르침

흰 양이 내려와 스님의 독송을
들었다는 이야기가 전하는
백학봉과 백양사.

을 듣고서 깨달음으로 나아가는 이들을 말하니, 늘 가르침 가까이에 있어야 한다.

이쯤에서 경전 읽는 소리를 들은 백양 이야기를 해야겠다. 바로 전남 장성 백양사의 절 이름에 얽힌 이야기다. 이전 절 이름은 백암사, 정토사였다. 그런데 19세기 후반 사찰 이름이 백양사로 바뀐 사연은 이렇다.

> 약사암 환성 스님은 『법화경』 독송이 일과였다. 그러던 어느 날부터 백학봉에서 한 마리 흰 양이 내려와 스님이 외는 『법화경』을 듣고 돌아갔다. 나물 캐는 여인들도 그 흰 양을 보았단다. 이후로 절 이름을 백양사로, 스님 법명도 환양(喚羊)으로 바꾸었다.

혹은 16세기 환양 스님이 『금강경』을 독송하였다는 이야기도 있다. 그리고 스님의 꿈속에 흰 양이 나타나 '스님의 도움으로 축생의 몸을 버리고 천상으로 가게 되었다'는 이야기도 첨가된다.

순하고 순해 무지한 양 같은 중생이라도 백양의 뿔 같은 단단한 고집을 버리고 부처님 가르침을 늘 듣고 실천한다면, 진리의 길로 나아가지 못할 자는 없으리라.

원숭이의 심장, 토끼의 간

원숭이는 우리나라에 없었던 동물이다. 언제인가부터 원숭이의 존재가 우리나라에 알려지고, 사찰에서는 원숭이가 신장의 역할을 맡게 된다. 원숭이의 존재를 알리는 데 아마 불교 경전이 한 역할을 하였을 터, 경전에서는 부처님의 전생 가운데 원숭이였던 이야기가 있다. 아마 우리에게 아주 익숙한 이야기일 것이다.

갠지스강 근처 숲속에 건강하고 아름다운 원숭이가 살았다. 그리고 갠지스강에는 악어 부부도 살고 있었다. 어느 날 원숭이를 본 악어 아내가 말하였다.

"여보, 나는 저 원숭이의 심장을 먹고 싶어요."

악어 남편이 말하였다.

"우리는 물속에 살고 저 원숭이는 뭍에 사는데, 어떻게 저 원숭이를 잡을 수 있겠소."

"어떻게 하든지 잡아 주세요. 그렇지 않으면 나는 죽어 버릴 거예요."

"알았소. 한 가지 방법이 있으니, 기다려 보시오."

어느 날 원숭이가 강가에서 물을 마시고 있을 때, 악어 남편이 다가가서 말하였다.

"숲의 왕이여, 당신은 이런 곳에서 맛없는 과일만 먹고 있습니까. 강 건너에 맛있는 과일이 무진장 많은데 먹고 싶지 않습니까?"

원숭이가 답하였다.

"갠지스강은 큰 강이라 저는 건널 수 없는데, 맛있는 과일이 있어도 어찌하겠습니까."

"당신이 가고 싶다면 제가 업고 가겠습니다."

원숭이는 악어를 믿고 등에 올라탔다. 악어는 강을 헤쳐 가면서 물속으로 조금씩 들어갔다. 놀란 원숭이가 말하였다.

"이보시오. 나를 물속에 집어넣을 작정이오? 대체 어찌 된 일이오?"

"어쩔 수 없소. 내 마누라가 당신의 심장을 먹고 싶어 하니, 당신을 속일 수밖에 없었소."

원숭이가 말하였다.

"이런, 그렇다면 미리 나에게 사정 이야기를 해 주시던가. 생각해 보시오. 우리가 심장을 가진 채로 나무를 탔다면 그 무게로 나무가 다 부러졌을 것이오."

"무슨 말이오. 그럼 심장을 빼놓고 다닌다는 말이오?"

원숭이는 강 근처 우담바라 나무에 탐스럽게 열린 열매를 가리키며 말하였다.

"보시오. 내 심장이 저 나무에 달려 있지 않소."

"그 심장을 내게 주시오. 그러면 그대를 죽이지 않겠소."

"그렇다면 나를 저기까지 데려다주시오. 내가 심장을 건네주리다."

악어는 원숭이를 업고 우담바라 나무가 있는 강가로 갔다. 강가에 도착하자 원숭이는 나무 위에 올라가 말하였다.

"이 어리석은 악어야. 어떻게 심장이 나뭇가지에 달려 있다고 생각하는가. 그대는 몸뚱이만 컸지, 지혜는 조금도 없구나."

악어는 기운이 꺾인 채 집으로 돌아갈 수밖에 없었다.

『본생경(자타카)』 제208화 '악어의 전생 이야기'다. 읽는 도중 '아, 그 이야기네. 『별주부전』에 나오는 그 이야기' 하는 생각이 들었을 것이다.

『본생경』은 부처님과 관련된 여러 전생 이야기를 모은 경전이다. 한문이 아니라 팔리어로 된 경전으로 스리랑카 등 남방 쪽으로 전해졌다. 중국 등 북방으로 전해져 한문으로 번역된 『육도집경』(제4권 36

화)에는 악어가 아니라 자라가 등장한다. 이러한 이야기가 전해지고 전해져 우리나라에 익숙한 토끼와 자라로 바뀌고, 좀 더 이러저러한 이야기가 덧붙어 『별주부전』이 만들어진 듯하다. 판소리를 연구하는 이들도 이러한 견해다.

이 이야기에서 원숭이는 부처님 전생이고, 헤치려는 악어는 제바달다다. 제바달다는 부처님의 제자였지만, 부처님을 배반하고 헤치려 들었다. 하지만 그 과정에서 오히려 큰 병을 얻은 제바달다는 부처님께 참회하고자 하였다. 제바달다가 들것에 실려 부처님 처소에 이르렀지만 들것에서 발을 내리자마자 갑자기 대지가 갈라지더니 불길이 치솟아 휘감아 버렸다. 그는 참회할 기회조차 없이 산 채로 아비지옥에 떨어졌다.

참고로 제바달다는 데바닷따(tevadatta)의 음역으로 조달(調達)이라고 한다. 어떤 이는 '쪼다'라는 말이 조달에서 왔다고도 하고, 이름이 '데바닷따'라서 부처님께서 '되받아(데바닷)' 쳤다고 농을 하기도 한다.

손에 손잡고 물속의 달을 건지려는 원숭이

경전에 나오는 원숭이는 지혜롭기도 하지만, 때로는 어리석은 중생에 비유되기도 한다.

지옥으로 떨어지는 제바달다를 묘사한
합천 해인사의 그림.

어느 날 원숭이 500마리가 한적한 숲속에서 놀다가 나무 아래 이르렀다. 그 나무 밑에는 우물이 있었고, 그 우물 가운데 달이 비쳤다. 그때 원숭이 우두머리가 말하였다.

"오늘 달이 줄어서 우물 가운데 떨어졌다. 마땅히 함께 끌어내서 긴 밤의 어둠이 세상에서 사라지게 해야겠다."

원숭이 무리가 서로 의논하였다.

"어떻게 해서 달을 끌어낼 것인가?"

그때 원숭이 우두머리가 말하였다.

"내가 나뭇가지를 잡고 너희들은 내 꼬리를 잡아 펼쳐서 서로 붙잡으면 달을 끌어낼 수 있다."

원숭이들은 우두머리의 말대로 펼쳐 서로 붙잡았는데, 물에 이르지 못하였다. 그런데 원숭이들은 무겁고 나뭇가지는 약하였다. 결국 나뭇가지가 꺾어지면서 원숭이들은 물에 떨어졌다. 그때 나무의 신이 말하였다.

"이렇게 미련한 짐승에게 어리석은 무리가 서로 따르며, 또한 스스로 앉아서 고뇌를 내니, 어떻게 세간을 구제하겠는가."

『마하승기율』 제7권에 나오는 이야기다. 어리석은 지도자와 그를 따르는 무리를 원숭이로 비유하였다. 여기서 원숭이 우두머리는 제바달다의 전생이다.

가르침은 다소 다를 수 있지만, 이러한 원숭이들의 장면이 담긴 게송이 있다. 통도사 대웅전을 비롯하여 법당 기둥에서 가끔 볼 수 있는 게송이다.

> 달이 은하수를 오가면서 점점 둥글어지니
> 하얀 달빛 온 세상을 밝혀 주네.
> 원숭이가 팔을 이어 부질없이 물에 비친 달 잡으려 하니
> 둥근 달은 본래 하늘에서 떨어지지 않았다네.

사찰 의식과 관련된 글을 모아놓은 『석문의범』에 등장하는 게송이다.

여기서 달은 법신불(法身佛), 달빛은 보신불(報身佛), 물에 비친 달은 화신불(化身佛)을 나타낸다. 법신은 진리 그 자체의 부처님을 말하고, 보신은 수행자가 수행의 결과로 받게 되는 부처님을 말하고, 화신은 중생을 제도하기 위해 나타난 부처님을 말한다.

게송에서 원숭이를 화신 부처님(물에 비친 달)의 겉모습만 쫓는 중생에 비유하였다면 앞서 『마하승기율』에서 비유한 원숭이와 다르지 않다. 그것이 아니라 화신 부처님을 통해 부처님 가르침으로 나아가고자 하는 중생에 비유했다면, 또 다른 내용이 된다.

이 게송을 설명하는 글을 보면 대부분 좋은 의미로 원숭이를 언급한다. 500마리 원숭이가 팔에 팔을 이어 우물에 빠진 달을 건져 내려다 결국 물에 빠지고 말았지만, 달을 건져 세상을 밝히고자 한 공덕

으로 오백나한이 되었다는 전설로 언급한다.『마하승기율』의 평가와 너무도 다른 내용이다. 또 이런 이야기도 있다.

> 어느 산속에 여법하게 수행하는 스님이 있었다. 이런 모습에 감동한 원숭이들이 스님을 위해 무엇인가 공양을 올리고자 하였다. 그때 연못에 비친 달을 보고 원숭이들은 달을 건져 공양을 올리기로 하였다. 원숭이들은 서로 손을 붙잡고 길게 늘어서서 달을 건지려 하였다. 그러나 결국 달을 건지지 못한 채 모두 연못에 빠져 죽었다. 원숭이들은 스님을 위한 원력과 공덕으로 환생하여 오백나한이 되었다.

같은 상황이라도 다른 결론으로 이어진다. 어리석다고 해야 할까, 그 성의가 대단하다고 해야 할까. 즉 이야기하고자 하는 주제에 따라 다른 가르침이 된다. 원숭이가 이 나무에서 저 나무로 이어가듯, 혹시 한 가지 결과에만 매달리지 말라는 말씀은 아닐까?

바위에 갇힌 원숭이와 손오공

우연히 사진 한 장을 보게 되었다. 경남 거창 금원산 자연휴양림 안에 나투신 마애삼존불이다. '마음에 두게 되면 언젠가는 보게 되고 가게 된다'는 필자의 지론은 결국 발걸음을 그곳으로 이끌었다. 깊은 계곡 사이로 걸어 들어가 어느덧 돌계단을 올라 바위 동굴 안에 이르렀다. 동굴 법당 안 삼존불은 나그네의 모든 시름을 내려놓도록 해 주었다.

그런데 원숭이 관련 글을 위해 자료를 찾던 중, 마애삼존불이 계신 '금원산(金猿山)'이라는 산 이름이 다가왔다. 그 산 이름과 관련된 이야기가 이 글의 마중물이 되다니, 참 묘한 일이다. 금원산! 일단 전해지는 이야기는 간단하다.

산속에 금빛 원숭이가 살았다. 머리와 재주가 비상한 원숭이였다. 그런데 그런 재주를 산속의 동식물을 괴롭히는 데 사용하였다. 그 산에는 도력 높은 스님이 있었다. 스님은 원숭이의 횡포를 그냥 두고 볼 수 없어 원숭이를 사로잡아 바위에 가둬 버렸다. 그리하여 사람들은 '금빛 원숭이를 가둔 산'이라 하여 금원산이라 하였다. 원숭이가 갇혀 있는 바위를 금원암, 또는 원암이라고 한다. 바위는 지금도 그 이름 그대로 있다.

순간 『서유기』의 손오공이 생각난다. 신통과 여의봉으로 온갖 말썽을 피우던 돌원숭이 손오공이 석가여래에 의해 오행산에 갇힌 이야기와 비슷하다. 물론 금원산 원숭이는 그 뒤 어떻게 되었는지 이야기가 없지만, 손오공은 500년이 지나 삼장법사에 의해 풀려난다. 삼장법사는 당 태종의 칙령을 받고 경전을 구하기 위해 서역으로 가는

거창 금원산에 나투신
가섭암지 마애삼존불.

길이었다. 도중에 오행산에 갇힌 손오공을 풀어 주고 제자로 삼는다. 저팔계, 사오정도 도중에 이런저런 인연으로 제자가 된다. 이후 이들이 함께 서역으로 가는 길에 고난을 만나고 극복하는 이야기가 이어진다.

참고로 삼장법사는 삼장(三藏)에 능통한 이다. 삼장은 경장(經藏), 율장(律藏), 논장(論藏)을 말한다. 부처님 가르침을 적은 경전이 경장, 부처님 가르침 중 계율을 적은 경전이 율장, 경장과 율장을 부처님 제자들이 풀이한 글이 논장이다.

우리나라 탑에 새겨진 손오공의 구법 여행

『서유기』는 당나라 현장 스님(600~664)의 구법 여행기를 줄기로 한다. 현장 스님은 30세 때 인도로 구법길에 올랐다. 8년에 걸쳐 인도에 도착할 동안 온갖 고통을 겪었다. 인도에서 공부한 뒤 불상, 불경 등을 모시고 귀국하였다. 만 17년간의 왕복 기간에 들른 나라만 110개 국이고, 이동한 거리는 약 1만 6,000킬로미터다. 그 길 또한 순탄치 않았다. 사막을 건너고 설산과 절벽을 넘으며, 때로는 밧줄을 잡고, 때로는 쇠사슬을 움켜쥐고, 때로는 위험한 다리를 건너는 여정이었다. 현장 스님보다 앞서 인도를 다녀온 법현 스님의 『법현기』를 보면 어느 정도 상상이 가능하리라.

주위에 아무것도 없어서 방향을 분간할 수 없다. 그저 어지럽게 널려 있는 죽은 자의 해골만을 이정표로 삼아 여행을 계속할 뿐이다. (중략) 절벽에는 옛사람이 돌을 깎아서 길을 내고 사다리 삼아 구멍을 뚫어 놓았다. 대략 700여 개에 이른다. 사다리를 모두 건너면 밧줄로 걸쳐 놓은 다리가 있다.

현장 스님은 그 여정을 정리하여 왕실에 헌정하였다. 바로 『대당 서역기』다.

어떤 이는 이 책의 탄생 배경을 이렇게 추정한다. 서역의 사정이 궁금한 당 태종이 자꾸 스님을 불러 이것저것 물어보았다. 그로 인해 스님은 경전 번역과 불법 전파에 전념할 수 없었고, 그래서 아예 『대당서역기』를 써 왕실에 헌정하였다고. 이러한 스님의 구법 여정은 민간에서는 전설처럼 전해진다. 또한 거기에다 기이한 이야기가 덧붙여진다. 그리고 천년이 흐른 뒤 명나라 때 오승은(1500~1582)이 『서유기』라는 소설로 그 이야기를 전한다.

손오공, 저팔계, 사오정은 구법 여행에서 일어나는 어려움을 극복하는 데 큰 역할을 한다. 불교에서 말하는 호법신장의 역할이다. 부처님 가르침을 지키는 신통한 힘을 지닌 장수다. 온갖 역경을 물리치고 경전을 구하여 마침내 당 태종에게 헌정하니 말이다. 마침내 삼장법사 일행은 부처님의 가피로 성불하며 끝을 맺는다.

이처럼 『서유기』에는 부처님 가르침을 구하고자 하는 염원과 노력과 결과가 담겨 있기에 그 이야기가 절집에 등장하기도 한다. 1348년 건립된 경천사지 10층석탑과 1465년 건립된 것으로 추정되는 원각사지 10층석탑에 새겨져 있는 장면이 그렇다.

경천사지 탑은 현재 국립중앙박물관에 있고, 원각사지 탑은 서울 탑골공원에 있다. 탑의 기단부에는 『서유기』의 주요 장면 스물두 개가 새겨져 있었는데, 비바람에 마모되어 현재 열 개 정도의 그림만 확인할 수 있다. 삼장법사, 손오공, 저팔계, 사오정 등이 등장하는 다양한 장면이 탑 기단부에 돌아가며 새겨져 있다.

엄밀히 말하면 오승은의 『서유기』가 완성된 때보다 두 탑의 건설 시기가 100년 정도 앞서기 때문에, 탑의 건립은 『서유기』 이전의 이야기를 근거로 한다. 그렇지만 그 의미는 다르지 않다.

탑신부에 새겨진 삼장법사, 손오공 등은 바로 불법을 수호하는 신장의 역할이다. 탑 기단부에는 대부분 팔부신장이나 십이지상 등 신장을 새겨 놓기 때문이다. 또한 삼장법사의 구법 여행을 탑 참배자에게 각인시켜 주는 역할을 한다. 두 탑 기단부의 위치가 탑돌이를 하는 이의 눈높이에 해당한다. 탑돌이를 하는 동안 그들의 구법 이야기를 되새기며, 자신들도 불법을 지키고 따르면 반드시 그 공덕의 결과가 있으리라는 가르침을 준다고 풀이한다.

법당에 새겨진 원숭이의 의미

이외에도 원숭이가 등장하는 사찰이 몇몇 있다. 우선 강화도 전등사가 그렇다. 전등사 대웅전 처마의 네 모퉁이에는 원숭이 조각상이 있다. 옷을 벗고 쪼그려 앉은 채 지붕을 떠받들고 있다. 조각상의 정체에 대해서는 의견이 분분하다.

사찰에서는 원숭이였던 부처님의 전생이라고 한다. 부처님의 전생인 원숭이의 보살도를 찬탄하고 대중들에게 가르침을 주고자 원숭이 조각상을 두었다고 본다.

어떤 이는 신장이 된 나찰이라고 한다. 나찰은 본디 사람을 잡아먹는 살인귀로 아주 빠르고 포악하며 공중을 날아다닌다. 그러다가 부처님 가르침에 귀의하여 불법을 지키는 신장의 역할을 맡았다.

어떤 이는 원숭이라고 한다. 불이 났을 때 원숭이가 재빨리 움직여 불을 끌 수 있기 때문이란다. 이 또한 사찰을 지키는 신장의 역할이라 할 수 있다.

법주사 팔상전에도 비슷한 조각상이 있다. 팔상전 처마 밑에 있는 형상도 옷을 반쯤 벗고 쪼그려 앉아 있다. 전등사의 경우처럼 나찰로 보는 이도 있고, 원숭이로 보는 이도 있다.

한편 법주사의 경우 팔상전 외에 대웅보전 앞에도 두 쌍의 원숭이가 있다. 대웅보전 돌계단 소맷돌 끝에 자리한다. 이는『서유기』와 관련하여 풀이한다.

•
『서유기』이야기가 새겨진 경천사지 10층석탑은
『서유기』보다 100년가량 먼저 건립되었다.

강화도 전등사 처마의 원숭이는 부처님의 전생일까,
나찰일까, 신장일까.

• 보은 법주사 대웅전 앞에 자리 잡은 원숭이상.

    법주사 창건주인 신라의 의신대사가 서역에서 나귀에 불경을 싣고 들어온 설화가 『서유기』 전체 줄기와 비슷한 의미를 띠고 있기 때문이다. 또는 부처님의 전생인 원숭이로 보는 이도 있다.

    하여튼 왜 다른 절에 보기 힘든 원숭이가 대웅전 중앙에 자리하는지 궁금한 것은 당연한 일. 가르침을 전하고자 하는 측면에서 보자면 자리를 잘 잡았다고 해야 하나. 참고로 원래 원숭이 조각상은 법주사 금동미륵대불 지하 성보박물관에 전시되어 있고, 현재 대웅보전 앞 원숭이는 새로 조성한 것이다.

닭 우는 소리에 깨우친 서산대사

까마득한 날에

하늘이 처음 열리고

어데 닭 우는 소리 들렸으랴.

이육사의 시 '광야에서' 첫 부분이다. 닭은 새벽을 알린다. 새벽은 하루의 시작이다. 닭이 시작을 알린다는 측면에서 시인은 '하늘이 처음 열리고 어데 닭 우는 소리 들렸으랴.'라고 하였는지 모르겠다.

새벽 말고 다른 때에 우는 닭도 있다. 범부는 그런 닭을 울 때도 모르고 운다고 하면서 멍청한 닭이라고 한다. 그런데 도인은 다른가 보다. 서산대사는 한낮에 닭 우는 소리에 깨달음을 얻었으니 말이다. 서산대사는 평남 안주 출신으로 호는 청허(淸虛)이고, 서산(西山)인 묘향산에 오래 머물렀으므로 서산대사라고 한다.

대사가 세 살 되던 해 부처님오신날, 아버지는 낮술에 취하여 마루 위에 누워 잠이 들었다. 이때 한 도인이 나타나 말하였다.

"아기 스님을 뵈러 왔습니다."

그리고 두 손으로 아기를 받쳐 들고 경을 외웠다. 도인은 독송한 후 아기를 내려놓고 머리를 쓰다듬으면서 말하였다.

"이 아기의 이름을 운학(雲鶴)이라 하고, 소중히 키우시기를 바랍니다."

아버지가 놀라서 깨어 보니 꿈이었다.

대사는 9세에 어머니를, 10세에 아버지를 여의었다. 안주 군수가 대사를 양아들로 삼았다. 대사는 양아버지를 따라 한양에 가서 12세에 성균관에 입학하였다. 15세에 과거에 응시하였으나 낙방하고 동료 문생들과 삼남의 산천을 유람하였다. 지리산, 칠불암 등 산과 절을 약 6개월 동안 돌아다녔는데, 영원암에서 한 스님을 만났다.

"그대의 용모를 보아 하니 심공급제를 하면 영원히 세상의 명리를 끊고 고통을 떠나서 즐거움을 얻게 될 것이다."

"심공급제란 무엇입니까?"

스님은 눈을 끔뻑하였다.

"알겠느냐?"

"모르겠습니다."

"심공급제는 말로 설명하기는 어려우니라."

그리고는 여러 권의 경전을 주며 말하였다.

"부지런히 읽고 생각하여라."

대사는 한양으로 돌아가는 대신 경전 공부를 시작하였다. 6년째 되던 어느 날 경전의 오묘한 가르침을 터득하였다. 이후 지리산 삼철굴, 사불산 대승암 등 여러 선방에서 몇 년을 보냈다. 어느 날 남원에 사는 벗을 만나러 가는 도중 한낮에 우는 닭 소리에 깨달음을 얻고는 '오도송'이라는 게송을 읊었다.

머리는 세어도 마음은 안 센다고
옛사람이 일찍이 일렀구나.
이제 닭 울음소리 듣고서
대장부의 일 다 마쳤네.
홀연히 내 집을 얻으니
모든 것이 다만 이러하네.
팔만사천의 대장경도
본래 한 장의 빈 종이구나.

서산대사를 모신
해남 대흥사의 전각 표충사.

이 '오도송'은 백범 김구 선생이 즐겨 읽었다고 한다. 이야기가 나온 김에 김구 선생이 좋아하던 서산대사의 시를 하나 더 언급한다. 가끔은 이 시를 김구 선생의 시로 오해하는 사람도 있다.

> 눈 내린 들판을 걸어갈 때
> 어지러이 걷지 마라.
> 오늘 내가 남긴 발자국이
> 뒤에 오는 사람의 이정표가 되리니.

우리는 대체로 서산대사를 임진왜란 때 승군의 지도자로만 알고 있다. 그분이 얼마나 수행과 교학에 뛰어나고 밝은 분이었는지는 잘 알지 못한다. 지금까지도 절집에서 많이 읽히는 스님의 저서 하나가 있다. 바로 『선가귀감』이다. 수행자의 귀감이 되는 내용이 담긴 이 책의 구절 가운데 하나다.

> 무릇 본참 공안에 대하여 간절한 마음으로 공부하여라. 마치 닭이 알을 품듯 하며, 고양이가 쥐를 잡을 때와 같이 하며, 주린 사람이 밥 생각하듯 하며, 목마른 사람이 물 생각하듯 하며, 아기가 엄마 생각하듯 하면 반드시 꿰뚫을 때가 있으리라.

화두(공안)을 들고 수행하는 자는 모름지기 간절한 마음으로 해야 한다는 당부의 말씀이다. 그 간절한 마음을 '마치 닭이 알을 품듯'으로 비유하였다.

간절한 마음으로 때를 기다리는 닭처럼

닭은 새벽을 알리는 모습도 보이지만, 간절한 마음으로 때를 기다리는 모습도 보인다. 때를 간절하게 기다리는 닭의 비유는 부처님 말씀에도 등장한다.

> 이와 같이 나는 들었다.
> 어느 때 부처님께서는 사위국 기수급고독원에 계셨다. 그때 세존께서 모든 비구에게 말씀하셨다.
> "비유하면 농부가 세 가지로써 농사를 짓는데 절기를 따라야 잘 짓는 경우와 같다. 어떤 것이 그 세 가지인가? 농부는 절기를 따라 밭을 갈고 절기를 따라 물을 대며 절기를 따라 종자를 뿌린다. 농부는 절기를 따라 밭을 갈고 물을 대며 종자를 뿌려놓고 나서 '오늘 싹이 트고 자라서 오늘 열매를 맺고 오늘 여물었으면, 혹 내일 혹은 좀 뒷날에라도 그렇게 되었으면' 하고 생각하지 않는다.
> 비구들아, 그러나 농부가 밭을 갈고 물을 대고 종자를 뿌리고 나서는 '오늘 싹이 터서 자라고 오늘 열매를 맺고 오늘 여물었으면, 혹은 내일

혹은 좀 뒷날에라도 그렇게 되었으면' 하고 생각하지 않더라도 그 종자가 이미 땅에 들어갔으니 저절로 때를 따라 싹이 트고 자라서 열매를 맺고 여물게 된다.

그와 같이 비구들아, 이 세 가지 공부는 때를 따라 잘 배워야 한다. 계율 공부를 잘하고 마음공부를 잘하며 지혜 공부를 잘하고 나서는 '내가 오늘 바로 온갖 번뇌를 일으키지 않고 마음이 잘 해탈하였으면, 혹은 내일 혹은 좀 뒷날에라도 그렇게 되었으면' 하고 생각하지 않아야 한다.

그렇게 생각하지 않아도 저절로 신통력으로 능히 오늘 혹은 내일 혹은 좀 뒷날에라도 모든 번뇌를 일으키지 않고 마음이 잘 해탈하게 된다. 그가 이미 때를 따라 계율 공부를 왕성하게 하고, 마음공부를 왕성하게 하며, 지혜 공부를 왕성하게 하면, 그 시절을 따라 저절로 모든 번뇌가 일어나지 않고 마음이 잘 해탈하게 된다.

비구들아, 비유하면 암탉이 알을 품고 있을 때 혹은 열흘, 나아가 열이틀 동안 때를 따라 동정을 살피면서 혹은 시원하게 혹은 따뜻하게 아끼고 보살피는 것과 같다. 그러면서도 알을 품는 어미 닭은 '나는 오늘 혹은 내일 혹은 좀 뒷날에라도 입으로 쪼고 발톱으로 긁어서 병아리가 편안하게 나오도록 하리라' 하고 생각하지 않는다. 그저 암탉이 알을 잘 품고 때를 따라 아끼고 보살피기만 하면, 병아리는 저절로 편안하게 나오게 된다.

그와 같이 비구들아, 세 가지 공부를 잘하기만 하면, 시절을 따라 저절로 모든 번뇌가 일어나지 않고 마음이 잘 해탈하게 되느니라."

부처님께서 이 경을 말씀하시자, 모든 비구는 부처님의 말씀을 듣고 기뻐하며 받들어 행하였다.

– 『잡아함경』827 「경마경」

이 경전 말씀은 공부의 간절함이 조급함이나 강박으로 자리 잡는 것에 대한 경계다. 경전에는 "그저 암탉이 알을 잘 품고 때를 따라 아끼고 보살피기만 하면, 병아리는 저절로 편안하게 나오게 된다. 세 가지 공부를 잘하기만 하면, 시절을 따라 저절로 모든 번뇌가 일어나지 않고 마음이 잘 해탈하게 되느니라" 하였다. 수행도 욕심이 될 수 있다. 간절한 마음을 가지되 때를 기다리는 닭처럼 하루하루 할 일을 하며 살 일이다.

사람을 구하고 절을 지켜낸 닭

계림(鷄林)이라고 하면 대부분 신라 김알지의 탄생지인 경주 계림을 떠올린다. 그런데 그 계림과 같은 이름을 가진 사찰이 우리나라 여러 곳에 있다. 그 가운데 김천 계림사는 신라 눌지왕 3년인 419년에 아도 스님이 창건하였다. 그 창건 이야기가 다음과 같이 전한다.

계림사가 위치한 감문산은 와호산(臥虎山)이라고도 한다. 풍수지리로 볼 때, 호랑이가 누워 있는 모습이라 산세가 매우 드센 산이다. 이로 인해 맞은편 마을에는 살상 등 흉악한 사건이 자주 일어났다. 아도 스님은 이 사실을 알고는 마을 사람들에게 방책을 알려 주었다.

'절을 짓고 닭 1,000마리를 기르면, 살인이 일어나지 않으리라.'

마을 사람들은 아도 스님이 일러 준 곳에 절을 짓고 닭을 키웠다. 그러나 기르던 닭이 자꾸 죽어 나갔다. 그래서 아예 절 이름을 계림사(鷄林寺)라 고치고, 닭 기르는 것을 대신하였다.

궁금증이 일어났다. 왜 호랑이 산세에 대립하여 닭이 등장하였을까. 풍수를 모르는 필자는 이 책, 저 책 뒤적거려도 알 수가 없다. 이런저런 상상을 한다. 호랑이 형상 때문에 살상이 일어난다고 한다면, 호랑이에게 닭을 제물로 바친 것일까. 그것은 불교답지 않다. 오히려 절 이름을 계림사로 바꾼 것이 불교답다.

한편 계림에는 신비스러운 숲이라는 의미가 있다. 절을 짓고 나쁜 일이 일어나지 않았기에, 경주의 계림과 같은 신비로운 숲으로 여겨 계림이라 이름 붙였다는 이야기도 있다. 상상을 하나 더 한다. 신라를 다른 이름으로 계림이라고도 하였으니, 신라에 불교를 힘겹게 전한 아도 스님의 입장에서 신라의 절이라는 의미로 계림사라고 한 것은 아닌지.

또 다른 이야기가 전해지는 계림사가 있다. 고려시대 황해도 장연군 계림사에 있었던 이야기다.

황해도 장연군 계림사에는 100여 명의 스님이 수행하고 있었다. 그런데 어느 날부터 스님들이 한 명, 두 명 사라지기 시작하였다. 주지 스님은 까닭을 몰라 전전긍긍하였다. 그러던 어느 날 한 노인이 찾아와 말하였다.

"사찰 어딘가에 요물이 숨어 있소."

이후 사찰에 머물게 된 노인은 닭 한 쌍을 절에 풀어 놓았다. 닭은 알을 낳아 품기 시작하여 수가 급격하게 늘어났다. 곧 사찰 전체가 닭장이 되다시피 변하였다. 주지 스님이 곤란해하며 말렸지만 노인은 듣지 않았다.

얼마 후 노인은 스님들을 이끌고 인근 동굴로 향하였다. 그런데 동굴 안에는 해골이 산더미처럼 쌓여 있고, 닭들이 거대한 지네와 싸우고 있었다. 스님들은 닭들과 함께 지네를 퇴치하였다.

노인은 스님들에게 말하였다.

"이 지네는 요물인데, 밤마다 여자의 모습으로 변신해 스님들을 유혹해 동굴로 끌고 가 잡아먹었소. 앞으로 마음을 잘 다스려 수행 정진하면, 다시는 이런 일이 없을 것이오."

이후 이 사찰을 계림사라 불렀다.

수행자를 경책하는 이야기다. 여자로 변한 지네의 유혹 장면은 부처님이 깨닫기 일보 직전 마왕의 세 딸이 유혹하는 장면을 떠올린다. 지네가 변한 여자의 유혹이나 마왕의 세 딸의 유혹은 바깥에 있는 사실이라기보다는 바로 수행자의 마음에 있는 유혹을 상징한다.

깨닫기 직전 부처님 마음에도 동요가 일었는데, 지금 갓 수행의 발걸음을 뗀 이야 말할 것이 있겠는가. 굳이 수행자가 아니더라도 여러 유혹에 노출된 범부 역시 자신의 마음을 항상 살펴야 하겠다. 지네에게 물려 죽지 않으려면.

개

멍멍아, 해탈해서 돌아오라

개는 인간에게 매우 가까운 동물이다. 특히 절집에서는 개를 가족, 친구 등 가까운 이의 환생으로 보기도 한다. 어쩌다 개로 태어났는지는 모르겠지만, 다음 생에는 좋은 몸을 받으라고 절집에서는 개 이름도 멋지게 짓는다. '보리', '해탈', '반야' 등등. 보리는 깨달음이고, 반야는 지혜다.

『대방편불보은경』권 3에는 구업으로 개로 태어났지만, 마침내 깨달음을 얻은 균제사미 이야기가 있다. 사미는 성년이 아닌, 어린 출가자를 말한다. 이야기를 요약하면 이렇다.

큰 부자인 바라문이 있었다. 그는 나이 여든이 지나서야 사내아이를
보았는데, 잘생긴 아이의 이름을 균제라고 지었다. 바라문은 그 아이
가 일곱 살이 되자 부처님 제자로 출가시켰다.

부처님께서 "잘 왔다. 비구여."라고 말하는 순간, 균제사미는 바로 도
를 이루었다. 지금뿐만 아니라 과거 세상에 부모와 뭇 승가를 공양하
고 미묘한 공덕을 닦았으며 선지식을 만났기 때문이다.

사실 균제사미는 과거세에 삼장(경장, 율장, 논장)을 통달한 젊은 비구
였다. 어느 날 행색이 누추하고 음성까지 무딘 늙은 비구가 삼보를 찬
탄하였다. 이를 들은 젊은 비구는 무시하면서 늙은 비구를 꾸짖었다.

"음성이 개가 짖는 것보다 못하구나."

그런데 이 늙은 비구는 성현의 경지에 올라 있었다. 곧 젊은 비구는 그
가 성인임을 알고 참회하며 말하였다.

"제가 어리석어서 성현을 몰라보고 이런 나쁜 업을 지었습니다. 제가
오는 세상에는 착한 벗을 가까이 할 수 있고 거룩한 스승을 만나게 하
시어 번뇌가 다하고 맺음이 풀리는 것이 마치 대덕과 같게 하소서."

그 삼장 비구는 한마디 나쁜 말로 성현을 꾸짖었기 때문에 500번의
몸 동안 언제나 개의 몸이 되었다.

어느 때 500명 장사꾼의 우두머리가 데리고 다니는 흰 개가 있었다.
한 장사꾼이 만든 음식을 그 개가 몰래 먹었다. 이에 화가 난 장사꾼이
개의 네 발을 끊고는 몸을 구덩이 속에 던지고 떠나갔다. 그 개는 뒹굴
며 큰 고통을 받았다. 그때 사리불존자가 발견하여 구해 주고, 개에게

법문을 하였다. 개는 법문을 듣고 부끄러워하다가 7일 만에 죄를 마치고 인간으로 태어났다.

부처님께서 아난에게 말씀하셨다.

"그때의 흰 개가 바로 지금의 균제사미다. 지난 세상에서 성현을 헐뜯고 꾸짖은 탓으로 악취(惡趣)에 떨어졌다. 곧 고쳐서 부끄러워하고 참회하며 서원을 세웠기 때문에 착한 벗을 만날 수 있었고, 착한 벗을 만났기 때문에 죄가 다하여 인간으로 태어날 수 있었으며, 부처님 세존을 만나고서 번뇌가 다하였다."

아무리 뛰어난 비구라도 "개보다 못하구나."라는 한마디 말로 500번이나 개로 태어났다니, 말조심할 일이다. 그런데 그는 기본은 된 듯 바로 참회하였다. "오는 세상에는 착한 벗을 가까이 할 수 있고 거룩한 스승을 만나게 하소서."라는 발원으로 사리불존자를 만나 법문을 듣고 인간 몸을 받았다. 그리고 마침내 부처님을 뵙자마자 도를 이루게 되었다. 부처님 말씀대로 "지금뿐만 아니라 과거 세상에 부모와 뭇 승가를 공양하고 미묘한 공덕을 닦았으며 선지식을 만났기 때문"에 가능한 일이었다.

필자가 잠깐 절에서 일할 때 키웠던 멍멍이 이름은 '해돌이'였다. '해탈해서 돌아오라'는 의미다. 해돌이가 어떤 인연으로 멍멍이로 태어났는지는 모르겠지만, 균제사미처럼 어느 생에서는 분명 해탈하였으리라.

눈 셋 달린 강아지와 해인사 경판

개는 충성과 신의의 동물로 등장하기도 한다. 주인을 위험으로부터 구한 개 이야기는 누구나 하나 정도 알고 있다. 가야산 해인사에도 은혜 갚은 개 이야기가 전해진다. 장경각에 모셔진 대장경과 관련된 이야기다.

'가야산 해인사' 하면 장경각에 모신 팔만대장경이 먼저 떠오른다. 이때 팔만대장경은 보통 고려대장경을 말한다. 그런데 장경각에는 고려대장경 이외에도 여러 인연의 경판이 있다. 그리고 신라 때 합천 사람 이거인이 대장경 경판 불사를 발원하여 아픈 공주를 위해 경판을 조성하였다는 이야기도 전한다.

경남 합천에 이거인이라는 사람이 살았다. 그는 가난하였으나 성품이 매우 고왔다. 그래서 마을 사람들은 요즘 이장과 같은 마을 일을 맡겼다. 어느 날 가을 그는 장에서 돌아오는 길에 눈이 셋 달린 강아지를 발견하여 집으로 데리고 왔다. 그는 그 개를 귀여워하며 잘 길렀다. 그런데 3년째 되는 날, 개는 아무 병도 없이 갑자기 죽었다. 그는 친자식이 죽었을 때와 똑같이 장사를 지내고 제사까지 지냈다. 그리고 다음해 그도 갑자기 병으로 죽었다.

저승에 가니 눈 셋 달린 왕이 높은 곳에 앉아 있었다. 왕은 그를 보고 자리에서 내려와 말하였다.

"주인어른 아니십니까. 저는 몇 년 전 명부에서 잘못을 저질러 개의 몸이 되어 지상에 귀양을 갔습니다. 그런데 귀양살이 3년 동안 주인어른으로부터 후한 대접을 받았습니다. 또 이렇게 주인어른을 만났으니, 어떻게 은혜를 갚아야 할지 모르겠습니다."

이거인은 비로소 지난 일을 깨닫고 왕에게 물었다.

"이 천한 몸은 배운 것이 없습니다. 명부에서 묻는 말에 어떻게 대답하면 되겠습니까?"

왕은 어떻게 대답할지 상세하게 알려 주었다. 이윽고 이거인은 염라대왕 앞으로 갔다. 염라대왕이 그에게 물었다.

"너는 인간 세상에서 어떤 인연을 지었는가?"

"저는 젊어서부터 마을 일을 맡아 보느라고 착한 인연을 짓지 못하였습니다. 그런데 큰 불사를 지으려다 갑자기 부름을 받아 이곳에 왔으므로 안타까울 따름입니다."

"그래 무슨 불사를 지으려 하였는가?"

"불법이 귀중하다 하기에, 부처님 말씀을 세상에 오래도록 전할 수 있는 불경을 만들려고 하였습니다."

염라대왕은 이 말을 듣고 판관에게 명하였다.

"저승 명부에서 이거인의 이름을 찾아 목숨을 10년 더 연장하여 세상에 다시 내려보내라."

염라대왕은 이거인을 문밖까지 배웅하며, 이승으로 돌아가 불사를 마무리하라고 당부하였다.

이거인이 물러나 눈 셋 달린 왕을 다시 만나 명부에서 있었던 일을 말하자, 왕은 말하였다.

"주인어른, 걱정하지 마십시오. 인간 세상에 돌아가면 '대장경 판각 공덕문'이라는 권선문(불사에 참여하여 복덕을 짓도록 권장하는 글)을 지어 관청으로 가서 도장을 받고 기다리십시오. 제가 인간 세상을 돌아볼 일이 있습니다."

이거인은 이 말을 잘 새겨듣고는 물러났다. 곧 그는 기지개를 크게 켜고 깨어났다. 모든 것이 마치 꿈에서 일어난 일처럼 느껴졌다.

그때 궁궐에서는 두 공주가 병으로 앓아누웠다. 명의도 소용없었고 백약이 무효였다. 그러던 어느 날 두 공주가 말하였다.

"대장경 불사하는 자를 어서 불러 주십시오. 그와 인연을 지으면 저희 병이 낫습니다."

임금은 곧 나라 안에 명을 내렸다. 합천 군수는 이거인에게 권선문을 가지고 궁궐로 가도록 하였다. 궁궐에 도착한 이거인을 본 공주가 말하였다.

"그동안 잘 계셨습니까. 제가 바로 세 눈 가진 개입니다. 주인어른과 약속을 지키고자 왔습니다."

그리고 왕은 임금에게 말하였다.

"대왕이시여, 저는 저승의 삼목구왕(三目狗王)입니다. 이분은 저승에 왔다가, 대장경을 판에 새겨 널리 퍼뜨리라는 염라대왕의 명을 받고 다시 이승에 왔습니다. 임금께서는 이 불사에 큰 시주가 되어 주십시

합천 해인사 장경각의
팔만대장경 경판.

오. 그리하면 공주들도 무사하고, 나라도 태평하며, 임금께서도 무병 장수할 것입니다."

임금이 흔쾌히 응하자, 삼목구왕은 이거인에게 이별을 고하고 공주의 몸에서 떠나갔다. 곧 공주들은 완쾌하여 자리에서 일어났다. 두 공주가 말하였다.

"부왕이시여, 저승에서도 이렇게 좋은 일을 하는데, 하물며 이승에 있는 우리가 소홀히 해서야 되겠습니까."

임금은 대장경 불사에 많은 재물을 보시하였다. 그리고 나라의 뛰어난 일꾼들을 모아 경판을 새기게 하고는 가야산 해인사에 모셨다.

세 눈 달린 강아지는 요즈음으로 치면 장애가 있는 유기견이랄까. 이를 보살핀 이거인은 천수 이상을 누리는 복을 받고, 더 나아가 대장경 불사를 발원하는 불연(佛緣)을 짓는다. 이거인의 자비와 개의 은혜 보답으로 인한 불연은 천년을 지나 오늘날까지 보은의 의미를 거듭 생각하게 한다. 앞서 언급한 균제사미 이야기는 다음의 부처님 말씀으로 마무리된다.

부처님께서 아난존자에게 말씀하셨다.
"부모와 착한 벗의 은혜를 생각해야 하나니, 그러므로 은혜를 알고 언제나 은혜를 갚아야 하느니라. 착한 벗이란 바로 큰 인연이니라."
-『대방편불보은경』

돌멩이를 쫓아가는 개

개는 우리에게 가까운 동물이다. 하지만 '개처럼', '개보다 못한' 등등의 표현처럼 부정적인 의미로 심심찮게 등장한다. 경전에서도 개가 어리석음의 상징으로 등장하기도 한다. 『대장엄론경』 권 2에는 돌멩이를 쫓는 개 이야기가 있다.

> 한 바라문이 몸에 열을 가하는 수행을 하고 있었다. 이때 비구니가 말하였다.
> "그대가 만약 지져야 할 곳을 알고 싶다면, 그대는 다만 성내는 마음을 지져야 한다. 마음을 지질 수만 있다면, 바로 이것을 진정한 지짐이라 부른다. 마치 소가 수레를 끄는데 수레가 가지 않는다면 소를 채찍질해야지 수레를 때릴 필요가 없는 것처럼, 몸은 수레와 같고 마음은 소와 같기 때문이다. 그대는 마땅히 마음을 지져야지 어째서 몸을 못살게 구는가. 또한 몸이라는 것은 숲과 같고 담장과 같아서, 비록 태우고 지진다 해도 장차 무엇으로 메꾸겠는가?"
> 그리고 게송을 말하였다.

> > 사자는 어떤 사람이 화살을 쏘거나 돌을 던지면
> > 바로 그 사람을 쫓아가지만,
> > 어리석은 개는 어떤 사람이 기왓장이나 돌로 때리고 던지면

곧 기왓장이나 돌을 따라가서 근본을 찾을 줄 모르는 것과 같네.

사자는 지혜로운 사람을 말하니
그 근본을 구해 번뇌를 없애고,
어리석은 개는 이 외도를 말하니
다섯 가지 열로 몸을 지질 뿐
마음의 근본을 모르네.

본질을 모르고 눈에 보이는 현상만 쫓는 어리석은 이를 개로 비유한 이야기다. 자신의 몸을 괴롭힘으로써 몸의 속박을 벗어나 마음의 해탈을 얻을 수 있다고 하여 고행하는 수행자가 있다. 이에 대해 경전에서는 몸을 괴롭힐 것이 아니라 마음을 다스려야 한다는 가르침을 전한다.

이 이야기는 본질과 현상을 잘 살펴보라는 가르침으로 선가에 자주 등장한다. 1004년에 지은 선종의 대표 역사서인 『경덕전등록』에는 이렇게 전한다.

지나가는 개에게 돌을 던졌다. 어리석은 개는 그 돌을 문다. 그러나 사자에게 돌을 던지면, 그 사람에게 덤벼든다.

사자의 모습으로 지장보살과 함께하는 삽살개

삽살개는 우리나라 토종개다. 삽사리라고도 한다. '삽살'은 '귀신이나 액운(삽)을 쫓는다(살)'는 뜻이다. 생김새는 보통 온몸이 긴 털로 덮여 있고, 눈은 털에 가려 보이지 않는다. 꼬리는 들려 올라가며 머리가 커서 사자와 비슷하다.

신라시대에는 주로 귀족들이 삽살개를 키웠다. 이때 중국으로 간 유명한 삽살개가 있다. 바로 신라 왕족 출신의 김교각 스님이 중국에 데리고 간 선청(善聽)이라는 삽살개다.

스님은 24세에 당나라로 건너가 출가하였다. 이후 안후이성 구화 산에서 구도 활동을 하다가 99세에 열반하였다. 스님은 열반 후 자신의 시신을 석함에 넣고 3년 후에도 썩지 않으면 등신불로 만들라는 유언을 남겼다. 스님이 열반에 들자 산이 울면서 허물어졌고, 하늘에서는 천둥소리가 났다고 한다.

중국에서는 오늘날에도 김교각 스님을 중생을 구제하는 지장보살의 화신으로 신성시한다. 스님의 발자취를 찾아 우리나라에 오는 중국인들도 많다. 그들에게는 '지장보살=김교각 스님'이다. 그리고 스님을 평생 따라다니며 수행을 돕고 곁을 지켰던 선청이라는 삽살개는 지금도 중국 구화산을 수호하는 명물로 여겨진다.

그런데 당시 중국에서는 삽살개가 없었다. 또한 동아시아에는 사자도 없었다. 그리하여 김교각 스님의 신성화와 더불어 선청이라는

삽살개는 금모사자(金毛獅子), 즉 금색 털의 사자로 여겨졌다. 털이 많은 삽살개의 생김새가 후대로 내려오면서 금색 털을 가진 사자로 바뀌게 된 것이다. 실제로 고려 불화 가운데 〈지장시왕도〉나 〈지장삼존도〉를 보면 사자를 닮은 선청이 그려져 있다. 우리나라 삽살개가 중국으로 가서 이야기 속 사자가 되고, 그 이야기가 다시 우리나라에 전해져 고려 불화에 사자로 남아 오늘날까지 전해지는 셈이다. (《템플스테이》 2017년 가을호, 자현 스님의 '고양이가 아니라 사자, 사자가 아니라 삽살개' 참조.)

참고로 신라시대 주로 귀족이 키웠던 삽살개는 신라가 망한 후 일반 백성들도 키웠다. 마을에서 흔하게 보였던 삽살개는 일제강점기 때 멸종의 위기에 이르렀다. 그러나 1960년대 말 이후 진행된 보존 사업을 통해 개체수가 늘었다. 특히 경산 삽살개는 고유 혈통 보존을 위해 천연기념물로 지정되어 보호받고 있다.

•
보성 대원사의 김교각 스님과 삽살개 그림.

돼지, 돼지로 나툰 보살님

돼지 눈에는 돼지로, 부처님 눈에는 부처님으로

고려 말 조선 초 시기에 세 분의 훌륭한 스님이 계셨다. 바로 지공 스님, 나옹 스님, 무학 스님이다. 지공 스님은 인도 출신으로 우리나라 땅 양주 회암사에 머무셨던 분이다. 지공 스님의 법을 이은 분이 나옹 스님이고, 나옹 스님의 제자가 무학 스님이다. 이 세 분 스님을 삼대화상이라고 한다. 화상(和尙)이란 지혜와 덕을 갖춘 훌륭한 스님을 뜻한다. 그만큼 고려 말 조선 초를 대표하는 훌륭한 스님이었다는 말이다.

　이 세 분 가운데 사람들에게 가장 많이 알려진 분이 바로 무학대사다. 그 이유는 태조 이성계와 농을 하였던 장면이 떠오르기 때문이다.

> 무학대사와 이성계가 어느 날 서로 농을 주고받는 내기를 하였다.
> "대사께서는 돼지처럼 생겼습니다."
> "제가 보니 대왕께서는 부처님 같습니다."
> "저는 대사를 돼지처럼 생겼다 하였는데, 어찌 대사께서는 저에게 부처님이라 높이십니까?"
> "무슨 말씀을. 돼지 눈에는 돼지로 보이고, 부처님 눈에는 부처님으로 보인다고 하지요."
> "……."

너무도 유명한 이야기라 대부분 아는 내용일 것이다. 그런데 다른 측면으로 생각해 보면 돼지라고 하면 어떻고, 부처님이라고 하면 또 어떤가? 돼지는 돼지대로, 부처님은 부처님대로 의미 있는 존재가 아닐까? 만약 "돼지 눈에는 돼지로 보이고, 부처님 눈에는 부처님으로 보인다."는 스님의 말에 이성계가 호탕하게 웃었다면, 우리는 어떤 평가를 할까? 화를 내었다면 또 어떤 평가를 할까?

이런저런 평가란 결국 자기 잣대로 한다. 그래서 무학대사와 이성계의 이야기 속에서 우리는 일체유심조(一切唯心造)의 가르침을 새기는지도 모른다.

양주 회암사의
무학대사 부도 전경.

돼지로 나툰 보현보살

한 스님이 오매불망 문수보살을 친견하고 지혜를 얻고자 하였다. 그러던 어느 날 길을 가다가 마을 어귀에서 한 노인을 만났다. 노인은 그 스님에게 글을 하나 써서 주면서 도움을 청하였다.

"저 마을 세 번째 집에 가면 어미 돼지 한 마리가 새끼를 많이 낳아 젖을 먹이고 있을 겁니다. 그 돼지 밥통에 이 쪽지를 던져 주시면 고맙겠습니다."

스님은 마을로 가는 길이라 흔쾌히 도움을 주고자 하였다. 그 집에 가서 보니 정말 어미 돼지가 새끼 돼지에게 젖을 물리고 있었다. 스님은 노인의 부탁대로 그 쪽지를 밥통에 던져 주었다. 어미 돼지는 주둥이로 쪽지를 몇 번 뒤적이고 난 후 삼켜 버렸다. 그러고는 곧 어미 돼지가 죽어 버렸다.

스님은 어미 돼지의 죽음에 난감하였다. 그리고 곧 집주인이 돌아와 그 광경을 보고 스님에게 어떤 영문인지 다그쳤다. 이에 스님은 전후 사정을 이야기하였다. 그러나 주인은 그 쪽지 하나로 죽을 수 없다고 티격태격하다가 결국 돼지 배를 가르게 되었다. 돼지가 삼킨 쪽지에는 이런 글이 적혀 있었다.

　　오랫동안 세속에 파묻히면
　　깨달음에 어두워지는 법.

도중이라도 세속 일을 버리고

속히 청산으로 돌아오라.

– 문수가 보현에게

사연인즉 보현보살이 돼지의 모습으로 변해 신심 좋은 농부를 돕고 있었다. 보현보살이 돼지의 몸으로 너무 오래 있다가는 마음이 어두워질까 걱정이 된 문수보살이 쪽지를 보냈다. 그리고 쪽지를 본 보현보살은 문수보살의 충고를 듣고 바로 돼지의 몸을 버린 것이다.

그런데 이 이야기는 법문하는 스님마다 다양하게 풀이한다.

첫째, 문수보살을 찾아다닌 스님의 경우다. 눈앞에 문수보살(노인)이 있었는데 알아보지 못하였다고 풀이하기도 하고, 반대로 쪽지를 통해 사연을 알았으니 문수보살과 보현보살을 친견하였다고도 풀이한다.

둘째, 돼지가 된 보현보살의 경우다. 몸을 나투어 중생 제도의 원을 세운 보현보살도 자칫 세속 가운데 마음을 빼앗기다 보면 깨달음에 어두워질 수 있다고 풀이하기도 하고, 보현보살이 축생의 몸으로 있다고 해서 마음이 어두워질 리 없다며 그 쪽지는 우리에게 던지는 가르침이라고도 풀이한다.

한편 여기서는 보현보살이 어미 돼지로 몸을 나투었다고 이야기하였지만, 어떤 이야기에서는 보현보살이 발정 난 돼지를 위해 아빠 돼지로 몸을 나투었다고도 한다.

산돼지로 나툰 지장보살

강원도 철원 심원사 석대암에 나투신 지장보살 이야기다. 석대암은
연천 옛 심원사에서 산 쪽으로 조금 올라간 위치에 있다. 석대암을
비롯한 심원사는 한국전쟁으로 폐허가 된 뒤 군부대가 자리하여 민
간인 출입이 통제되었다. 그 와중에 잃어버린 지장보살상을 어느 불
자가 서울에서 되찾아 새롭게 철원에 지은 심원사에 모시게 되었다.
옛 심원사는 2004년부터 복원 불사에 들어가 차츰 옛 모습을 찾아가
고 있으며, 원심원사라고 한다. 여하튼 이야기는 신라 성덕왕 19년인
720년 때의 일이다.

　　철원 보개산 기슭에는 이순석을 중심으로 사냥으로 생업을 이어가는
　　이들이 있었다. 어느 날 순석은 동생 순득과 함께 사냥을 나갔는데, 그
　　날따라 어떤 짐승도 보이지 않았다. 종일 헤매다가 그냥 마을로 돌아
　　서려는데, 숲속에서 송아지 크기의 돼지가 금빛을 휘날리며 지나갔
　　다. 순석은 돼지를 향해 활을 쏘았다. 화살을 맞은 돼지는 피를 흘리며
　　보개산 환희봉을 향해 달아났다. 형제는 열심히 쫓아 환희봉 근처 샘
　　물에 이르렀다. 그런데 멧돼지는 보이지 않고 왼쪽 어깨에 화살이 꽂

어깨에 화살 자국이 남아 있는
철원 심원사의 지장보살상.

힌 지장보살 석상만이 샘 안에 있었다. 그 석상을 본 형제는 크게 깨달은 바가 있어 참회하고 출가하였다. 그 뒤 순석은 300명의 사냥꾼을 제도하고, 이 지장보살을 모실 절을 세웠다. 그들은 숲속의 돌(石)을 모아 대(臺)를 쌓고, 그 위에 앉아 정진하였으므로 절 이름을 석대암(石臺庵)이라 하였다.

이 지장보살좌상은 높이가 90센티미터, 무릎 폭이 70센티미터 정도의 매우 자그마한 석불이다. 왼쪽 어깨에는 이순석이 쏜 화살을 맞아 손상된 흔적이 있다. 특이한 점은 석상을 도금하여도 얼마 지나지 않아 금칠이 벗겨져 버린다고 한다. 그래서 현재에도 개금이나 장식을 하지 못한다.

이성계와 무학대사의 이야기에 등장하는 돼지나, 보현보살이 나툰 돼지나, 석대암 지장보살이 나툰 돼지나, 각각 다른 의미로 가르침을 전해 준다. 따라서 돼지는 돼지대로, 부처님은 부처님대로 우리에게 지혜와 자비의 가르침을 준다.

그렇다면 못난 상대방에게 '화상아, 화상아' 하는 말이 혹시 그 못난 상대방마저 어떤 의미에서 가르침을 주기에 '화상아, 화상아' 하는 것은 아닌지. 화상의 원래 뜻은 지혜와 덕을 갖춘 스승이니 말이다.

3

사찰 속 숫자가

들려주는

이 야 기

모든 가르침은

하나로 돌아간다

일심을 나타내는 일주문

사찰로 들어서는 첫 산문(山門)을 일주문(一柱門)이라고 한다. 한 일 (一), 기둥 주(柱), 문 문(門)이다. 그대로 해석하면 '하나의 기둥인 문' 이다. 그런데 일주문의 기둥은 하나가 아니다. 둘 또는 넷이다. 다르 게 이해해야 한다. 보통 건물은 네 개의 기둥이 네 모서리에 위치하 여 지붕을 받치는데, 일주문은 그렇지 않다. 일직선상에 네 개의 기 둥이 위치한다. 일주문은 '일직선상에 기둥이 자리한 문'이라는 해석 이 가능하다.

 이는 드러난 형태에 따른 해석이다. 그렇다면 왜 기둥을 이렇게 배치했을까? 우리에게 전하고자 하는 가르침이 있기 때문이다. 바로 일심(一心)이다.

　일심!

　'한결같은 마음'으로 풀이할 수 있다. 하지만 단지 그 뜻만 있는 것은 아니다. '일심'은 부처님 마음이다. 부처님 마음은 중생의 모든 번뇌가 사라진 마음이며, 세상을 다 품을 수 있는 마음이며, 세상을 다 나타낼 수 있는 마음이며, 끝없는 자비를 나눌 수 있는 마음이며, 세상의 고통을 해결하기 위해 모든 방편을 드러낼 수 있는 마음이다. 그러한 마음이 늘 한결같기에 일심을 '한결같은 마음'이라고 풀이한다. 그러나 이것 역시 단지 하나의 풀이에 불과할 뿐이다.

　부처님 마음을 무엇으로도 나타낼 수 없기에 단지 일심이라고 이름할 뿐이다. 다른 이름으로는 불성(부처님 성품), 진여(진리 그대로) 등으로 나타낸다. 일심은 중생들의 탐욕과 성냄과 어리석음 등의 번뇌가 사라진 상태를 표현한다. 이와 같은 뜻을 나타내는 많이 알려진 게송이 있다.

　　하늘 위 하늘 아래 오직 나만이 존귀하도다.
　　천상천하 유아독존(天上天下 唯我獨尊)

　이 게송은 석가모니부처님이 이 땅에 오실 때 외쳤던 탄생게다. 이 말은 독불장군식으로 오직 나만이 존귀하다는 뜻이 아니다. 바로 누구나 가지고 있는 존엄성에 대한 선언이다. '누구나 가진 존엄성'은 누구에게도 무시될 수 없다. 누구나 존중되어야 하므로 높고 존귀한 것이다.

모든 가르침은 하나로 통한다

이러한 불성, 부처님 마음을 모든 중생이 본래 갖추고 있다는 것이 불교의 궁극적 가르침이다. 간단히 말하면 '중생이 바로 부처님이다.' 그런데 '중생이 바로 부처'이라는 선언적인 가르침만으로는 모든 이들에게 다가갈 수 없다. 중생이 그러한 가르침을 쉽게 받아들이기 힘들다.

깨달은 자의 입장에서 보면 모든 것이 쉬울 것이다. 가령 어느 스님은 "도를 얻기는 코 만지며 세수하기보다도 쉽다."고 하였다. 그러나 중생의 입장에서 보면, 도통 와 닿지 않는 말이다. 그에 맞는 가르침이 필요하다. 이를 불교에서는 방편이라고 한다. 그 방편은 일심에서 드러나는 지혜를 바탕으로 한 자비심이 필요하다.

세상은 모두 괴로움이므로 내가 마땅히 이를 편안하게 하리라.
삼계개고 아당안지(三界皆苦 我當安之)

이 게송은 앞서 언급한 탄생게인 '천상천하 유아독존'에 이어지는 뒷부분이다. 이 부분이 바로 그러한 자비와 방편을 나타낸다. 현실에 대한 바른 통찰(세상은 모두 괴로움)과 상대방에 맞는 해결책(내가 마땅히 이를 편안하게 하리라)이 필요하다.

『묘법연화경』에는 방편에 대한 필요성을 불타는 집의 비유로 설명한다. 앞서 언급한 내용을 다시 정리해 보자면, 부처님은 범부를 화택에서 끌어내기 위해 성문승(聲聞乘), 연각승(緣覺乘), 보살승(菩薩乘)의 삼승이라는 방편을 쓴 후 모두에게 일불승(一佛乘)을 주었다.

성문은 부처님 가르침을 듣고 도를 구하는 이를 말하고, 연각은 홀로 수행하여 도를 구하는 이를 말하고, 보살은 중생들과 함께하며 도를 구하는 이를 말한다. 승(乘)은 가르침이라는 뜻이다. 일불승은 바로 '중생이 바로 부처님'이라는 가르침이다.

바로 상대방의 수준 또는 상황에 맞게 삼승이라는 방편의 가르침을 준 뒤, 결국에는 근본 가르침인 일불승을 알려준다는 의미다. 이를 세 가지 가르침(삼승)을 모아 결국 하나의 가르침(일불승, 또는 일승)으로 돌아간다는 뜻으로 회삼귀일(會三歸一)이라고 한다.

일주문은 이러한 회삼귀일의 가르침을 나타낸다. 네 개의 기둥이 일직선상에 위치하기 때문에 들어가는 문은 세 개가 된다. 이 세 개의 문은 삼승을 나타내고, 일주문 그 자체는 일승을 나타낸다. 그런데 두 개의 기둥으로 된 일주문에는 적용되지 않는 해석이다. 이 경우에는 들어가는 문이 하나뿐이기 때문이다. 따라서 일주문에 이르

네 기둥이 일직선상에 위치한
부산 범어사 일주문.

는 여러 갈래 길이 삼승이고, 일주문이 바로 일승이다.

이처럼 일주문은 일심, 즉 부처님 마음을 나타낸다. 이 문을 경계로 진계(眞界)와 속계(俗界)로 구분한다. 사찰 입구의 일주문을 통해 부처님 세계로 한 발자국 들어선다.

부처님 세상으로 가는 서른세 개의 계단

사찰의 문을 산문(山門)이라고 하는데, 보통 일주문(一柱門), 천왕문(天王門), 불이문(不二門)의 셋으로 구성된다. 이를 사찰의 삼문(三門)이라고 한다. 물론 모든 사찰이 이러한 삼문을 갖춘 것은 아니다. 사찰 상황에 따라 다른 모습을 보인다.

경주 불국사에는 불이문에 해당하는 자하문(紫霞門)이 있다. 여기서 '자(紫)'란 자금색으로, 붉은 기운이 도는 황금색을 말한다. 바로 부처님을 나타내는 색이다. '하(霞)'는 노을이라는 뜻이다. 따라서 '자하'란 부처님의 기운이 노을처럼 퍼져 있는 상태를 말한다. 바로 부처님 세상, 불국정토를 뜻한다. 따라서 자하문을 지나면 바로 석가모니부처님이 계시는 대웅전이 나온다. 그전에 불국사의 백운교와 청운교 계단을 올라야 자하문에 이른다. 그런데 이 계단 수와 관련된 흥미로운 풀이가 있다.

보통 법당에 계신 부처님을 찾아가는 여정을 산에 오르는 과정으로 비유하여 사찰 구조를 설명한다. 여기서 산은 경전에 등장하는 수미산이다. 부처님은 온 세상에 두루 계시지 않은 곳이 없지만, 상징적으로 이 세상에서 제일 높은 수미산에 계신다고 간주한다. 법당에서 부처님이 자리한 법단을 바로 수미단이라 한다. 수미산은 불교 경전에 등장하는 세계의 중앙에 자리한 산이다. 따라서 수미산 정상에 계신 부처님을 뵙기 위해서는 수미산을 올라야 한다.

그런데 수미산에 걸쳐 있는 하늘이 있다. 수미산 중턱에 있는 하늘이 사천왕천이고, 수미산 정상 직전에 있는 하늘이 도리천이다. 수미산 위로는 야마천, 도솔천, 낙변화천, 타화자재천, 범천 등이 이어진다. 참고로 불교에서는 하늘에 사는 중생도 하늘(천)이라고 지칭한다. 가령 도리천은 도리천이라는 공간뿐만 아니라 도리천에 사는 중생도 함께 의미한다.

따라서 수미산 정상에 계신 부처님을 뵙기 위해서는 수미산 초입에 해당하는 일주문을 지나고, 중턱의 사천왕이 있는 천왕문을 지나고, 마침내 수미산 정상인 부처님 세계에 들어가는 불이문에 이르게 된다. 불이문 전에 지나는 하늘이 바로 도리천이다.

경주 불국사의
자하문과 청운교, 백운교.

이때 불국사의 백운교와 청운교를 도리천으로 풀이한다. 그 계단 수를 서른셋으로 보기 때문이다. '도리'는 인도어로 33이다. 도리천을 33천이라고도 한다. 하지만 실제 백운교와 청운교의 계단 수는 서른세 개가 아니다. 아래쪽 백운교 계단은 열여덟 개이고, 위쪽 청운교 계단은 열여섯 개다. 아래를 청운교, 위를 백운교로 보는 이도 있다. 하여튼 합치면 모두 서른네 개의 계단이다.

그런데 왜 서른셋으로 보고 도리천이라고 할까. 넘치거나 혹은 부족할지라도 그다지 무리가 없다면 상징적으로 이야기하는 경향이 있기 때문이다. 혹은 3이라는 숫자에 매력을 가지고 있기 때문인지도. 가령 관세음보살의 33응신이 후자의 경우다.

33응신의 관세음보살

응신(應身)은 불보살이 중생을 교화하기 위해 중생의 이해와 요구에 맞게 응하여 나투신 몸을 말한다. 모든 불보살이 우리가 생각하는 부처님과 보살의 모습으로만 나타나는 것이 아니다. 부처님, 보살, 하늘, 비구, 비구니, 어린아이 등 참으로 다양한 모습으로 나타난다. 그 다양한 모습으로 나타난 불보살을 응신이라고 한다.

『능엄경』에서는 관음보살이 32응신으로 나타난다. 이에 근거하여 양양 낙산사 보타전에는 32응신을 모셨다. 전면에 7관음을 모시고 그 뒤로 1,500분의 관세음보살과 더불어 다양한 모습의 관세음보살 32응신을 모셨다. 낙산사를 참배한다면 꼭 보타전에서 관세음보살 32응신을 친견하기를 추천한다.

그런데 지금 우리나라에는 관세음보살 32응신이라는 말보다는 33응신이 훨씬 많이 알려져 있다. 전국 이름난 관음도량 가운데 33곳을 정하여 33관음성지라고 지정한 경우도 그렇다. 필자가 확인한 바에 의하면 『능엄경』에 정확하게 '32응신'라는 말은 보이지만, '33응신'이라는 말은 보이지 않는다. 그렇다면 33응신은 어떤 경전에 근거한 것일까?

『묘법연화경』「관세음보살보문품」을 중심으로 하는 관음신앙에서는 보통 33응신이라고 한다. 하지만 『묘법연화경』 어디를 보아도 33이라는 숫자는 보이지 않는다. 따라서 33응신이라고 할 때, 부처님, 벽지불(辟支佛) 등 경전에 언급된 모습이 서른세 분이라는 의미로 이해한다. 그런데 『묘법연화경』에 언급된 분을 한 분 한 분 헤아려보면, 서른세 분이 아니라 서른네 분이다. 이 또한 마지막 서른네 번째인 인비인(人非人)을 어떻게 보는가에 따라 서른세 분, 서른다섯 분, 또는 그 이상으로 보기도 한다.

생각해보면 32응신이면 어떻고, 33응신이면 어떠하랴. 물론 그렇게 생각할 수도 있다. 그러나 32응신 또는 33응신을 주장하는 이들 또한 그 숫자에 나름대로 의미를 부여한다.

특히 33은 '3'이라는 숫자의 상징성으로 풀이한다. 예로부터 3이

양양 낙산사 보타전의
관세음보살 32응신.

라는 숫자는 완전하고 성스러움을 의미한다. 10이라는 숫자도 완전함을 의미한다. 따라서 33(삼십삼)이라는 숫자는 완전하고 성스러움을 의미하는 숫자가 셋이나 겹친다.

한편 양수가 두 번 겹친 경우를 길수로 여겼다. 설날(1.1.), 삼짇날(3.3.), 단오(5.5.), 칠석(7.7.), 중양절(9.9.) 등이다. 따라서 양수이면서 길수인 3이 겹친 33은 가장 완벽한 수다. 그런 점에서 33은 모든 형상, 모든 존재를 통칭하는 개념으로 활용되었다. 이때 33은 단순하게 33이라는 숫자에 그치지 않는다.

> '관세음보살은 갖가지 형상으로 제(諸, 모든) 국토에 노니시며'에서, 경문 중 '제'라 한 것은 한 나라가 아님을 표현하는 말이다. 즉 가로로는 시방세계에 두루 하고, 세로로는 세 가지 국토를 위에서 아래까지 관통하면서 근기에 따라 형상을 바꾸어 나타나시니, 서른세 가지 모습의 몸에만 그치지 않는다. 교화에 몸을 의지하여 인연 따라 찾아가시니 사바세계만 한정되는 것이 아니다.
> – 『관음의소』

세 점으로 나타낸 조화, 원이삼점

이처럼 불교에는 완벽한 숫자인 3과 관련된 내용이 많이 등장한다.

무엇보다 절집에서 자주 보는 문양이 그렇다. 바로 원이삼점(圓伊三點)이다.

원이삼점은 큰 원에 점 세 개를 그린 것으로 보통 사찰 지붕 등에 있다. 큰 원은 법계(진리의 세계)를 말하고, 한데 통하여 구별이 없음을 상징한다. 세 개의 점은 일종의 범어 글자인 실담 문자의 '이(ⵗ)' 모양 세 점으로 이자삼점(伊字三點)이라고도 한다. '이자'는 세 점이 삼각형을 이루고 있어 세로줄로 연결되는 것도 아니고 가로줄로 연결되는 것도 아니다.

이처럼 원이삼점은 가로도 아니고 세로도 아닌 삼각의 형태에서 서로 각자를 인정하되 서로 함께하는 모습을 담고 있다. 이를 '불일불이(不一不異, 같은 것도 아니고 다른 것도 아니다)', 또는 '삼즉일 일즉삼(三卽一 一卽三, 셋이 곧 하나이며 하나가 곧 셋이다)'의 관계라고 한다.

이를 토대로 모든 삼법 관계를 설명한다. 불법승(佛法僧) 삼보(三寶), 계정혜(戒定慧) 삼학(三學) 등이다. 삼보는 세상에서 제일 귀한 것을 보배라고 하듯, 불법승이 불교에서 제일 귀중한 세 보배라는 뜻이다. 삼학은 계학(戒學), 정학(定學), 혜학(慧學)이다. 계학은 계율, 정학은 선정, 혜학은 지혜를 말한다.

세 점이 각자의 위치에서 조화를 이룰 때 '이(ⵗ)'가 성립되는 것처럼 삼학, 삼보 등도 역시 그러하다. 가령 온전한 그릇(계학)에 담긴 물이 고요하면(정학), 그 물에 삼라만상이 비치는 것(혜학)처럼, 삼학 역시 그러하다. 그리고 불보 안에 삼보가 갖추어 있고, 법보와 승보 안

천안 각원사 대웅보전 지붕의
원이삼점.

에도 삼보가 갖추어 있다. 이를 일체삼보(一體三寶)라고 한다.

　참고로 대한불교조계종 문장인 삼보륜은 선정과 법륜(진리, 부처님 가르침)을 상징하는 일원상(一圓相)에 삼보와 삼학을 상징하는 세 점으로 된 형상이다.

여덟 장면으로 나타낸 부처님 일대기, 팔상도

사찰 법당의 안팎에는 다양한 그림으로 불국토를 장엄한다. 그 가운데 부처님 일대기를 그린 팔상도가 있다. 부처님의 삶 그대로가 뛰어난 가르침이다. 이 땅에 오셨다 가신 흔적 하나하나가 가르침이다. 절집에서는 큰 스님의 기침에도 가르침이 있다고 한다. 경전에서도 부처님이 평소와 다른 모습을 보이시면, 제자들은 그 이유를 반드시 묻는다. 그러면 부처님은 자비롭게 법을 설하신다.

부처님 일대기 가운데 대표되는 여덟 가지 장면을 팔상성도(八相成道)라 한다. 성도(成道) 또한 팔상(八相) 가운데 하나이지만, 깨달음을 이룬 것이 팔상의 중심이므로 팔상성도라고 한다. 팔상도(八相圖), 팔상성도(八相聖圖)는 이를 나타낸 그림이다.

부처님의 전생인 호명보살이 이 땅에 태어나기 위해 도솔천에서 흰 코끼리를 타고 내려오는 도솔내의상(兜率來儀相), 마야 부인이 산달을 맞아 친정으로 가는 도중 룸비니 동산에서 태자를 낳는 비람강생상(毘藍降生相), 싯다르타 태자가 동남서북 네 문으로 나가 각각 병자, 노인, 죽은 자, 수행자의 모습을 보고 출가를 결심하는 사문유관상(四門遊觀相), 모든 것을 버리고 성을 넘어 출가하는 유성출가상(踰城出家相), 설산에서 6년 동안 수행하는 설산수도상(雪山修道相), 보리수 밑에서 마왕의 온갖 유혹을 뿌리치고 깨달음을 얻는 수하항마상(樹下降魔相), 녹야원에서 전법을 시작하는 녹원전법상(鹿苑轉法相), 45년 동안 전법하고 사라쌍수에서 열반하는 쌍림열반상(雙林涅槃相)이 바로 팔상도다.

이 가운데 녹원전법상에 의미를 부여하는 이들이 있다. 녹야원에서 부처님께서 처음으로 다섯 비구에게 진리의 수레바퀴인 법륜을 굴리셨기 때문에 초전법륜(初轉法輪)이라고도 한다. 초전법륜을 시작으로 개인의 깨달음이 역사와 사회의 깨달음으로 전개된다. 바로 부처님이 우리에게 오신 이유다. 그리고 이때 불법승 삼보가 비로소 형성된다. 이 초전법륜의 가르침 가운데 하나가 사성제(四聖諦)다. 사성제에는 부처님 일대기인 팔상성도의 가르침이 모두 담겨 있다.

부처님이 다섯 비구에게 전법을 시작하는 모습을 그린
나주 심향사의 녹원전법상.

네 가지 성스러운 진리, 사성제

사성제는 네 가지 성스러운 진리를 뜻한다. 고성제(苦聖諦, 괴로움), 집성제(集聖諦, 괴로움의 원인), 멸성제(滅聖諦, 괴로움의 소멸), 도성제(道聖諦, 괴로움의 소멸에 이르는 길)에 대한 가르침이다. 줄여서 고집멸도(苦集滅道)라고도 한다.

고성제는 현실을 바로 보게 하는 가르침이다. 모든 것은 괴로움이라는 의미다. 생로병사(生老病死)의 사고(四苦), 이에 더하여 사랑하는 대상과 헤어지는 괴로움[애별리고(愛別離苦)], 미워하는 이와 만나는 괴로움[원증회고(怨憎會苦)], 구하는 바를 얻지 못하는 괴로움[구부득고(求不得苦)], 오음(생각)이 치성하여 이루어진 괴로움[오음성고(五陰盛苦)]의 팔고(八苦)로 이야기한다.

집성제는 괴로움의 원인을 밝혀 끊게 하는 가르침이다. 고의 원인은 여러 가지가 있지만, 무명(無明)과 갈애(渴愛)가 근본이다. 무명은 어리석음이다. 어리석음에 의해 갈애가 생긴다. 갈애는 말 그대로 목말라 물을 찾듯이 집착하는 탐욕이다.

멸성제는 괴로움에서 벗어나 열반에 이르는 길을 밝히는 가르침이다. 멸은 괴로움이 소멸한 상태다. 괴로움의 원인인 갈애가 남김없이 사라지고 아무 집착도 없는 상태, 즉 열반이고 해탈이다. 열반은 죽음이 아니라 모든 번뇌가 사라진 상태를 말한다.

도성제는 괴로움을 없애는 방법, 열반에 이르는 길을 제시하여 닦게 하는 가르침이다. 그 방법은 팔정도다. 정견(正見, 바른 견해), 정사(正思, 바른 생각), 정어(正語, 바른 말), 정업(正業, 바른 행동), 정명(正命, 바른 생활), 정정진(正精進, 바른 노력), 정념(正念, 바른 마음 챙김), 정정(正定, 바른 마음 집중)이다.

만약 몸이 안 좋아 병원에 갔더니 의사 선생님이 귀신같이 그 원인을 알아내고, 같은 병을 가졌던 사람들도 다들 완치되었다고 하며, 알맞은 치료법까지 제시한다면, 마치 벌써 병이 나은 듯 기뻐하며 열심히 의사 선생님 말씀에 따라 치료를 받을 것이다.

사성제의 가르침이 그렇다. 병(病)이 고(苦)에, 병의 원인이 집(集)에, 완치된 상태가 멸(滅)에, 치료 과정이 도(道)에 비유된다. 사성제는 현실을 정확하게 보고, 그 현실의 원인을 파악한 뒤, 현실의 문제가 해결된 상황을 향해, 문제를 해결해 나가야 한다는 구조다. 결과, 원인, 결과, 원인의 구조인 것이다.

그런데 고성제에서 '모든 것은 괴로움'이라고 하였는데, 과연 이 세상 모든 것이 괴로움일까? 이 세상 자체가 괴로움일까? 그렇다면 이 세상에 사는 한 영원히 괴로울 수밖에 없지 않은가? 괴로움의 소멸은 이 세상을 떠나서 있는 것인가? 도는 이 세상을 떠나기 위해 닦는 것인가?

집성제에서 괴로움의 원인을 무명과 갈애라고 하였다. 멸성제에서는 갈애가 없어진 상태를 괴로움의 소멸이라고 하였다. 그렇다면 세상 자체가 괴로운 것이 아니라, 갈애로 살아가는 중생의 마음 때문

•

영주 부석사 대웅전 앞 석등.

온 누리에 부처님의 진리가 전해지도록 비춘다.

에 괴로운 것이다. 고성제에서 생로병사도 그 자체가 괴로움이 아니라, 그것에 연연하는 중생의 갈애로 인해 생기는 괴로움이다.

절 마당 석등의 중심은 등불을 넣는 화사석(火舍石)이다. 화사석은 보통 팔각에다 사면에 화창(火窓)을 낸다. 화사석의 다른 사면에는 보살을 모시거나, 혹은 사천왕을 새겨둔다. 불집[화사(火舍)]은 부처님이 머물고 계신 부처님 집이다. 화사석에서는 부처님이 깨달은 진리가 등불이 되어 화창을 통해 뭇 중생들에게 널리 비춘다. 그리고 화사석 사면에 있는 보살이 부처님을 모시거나, 사천왕이 법을 지킨다. 이때 화사석의 팔각과 사면의 화창을 사성제와 팔정도에 비유한다. 등불은 부처님의 지혜와 자비, 광명으로 괴로움을 벗어나 중생의 삶을 편안하게 하고자 온 누리를 비춘다.

팔상전, 고정관념인 상을 깨뜨리다

팔상도를 탱화로 모신 법당이 있다. 바로 팔상전(八相殿)이다. 그런데 보은 법주사나 부산 범어사의 팔상전은 현판이 '八相殿'이 아니라 '捌相殿'으로 되어 있다. 가끔 한자음을 알지 못해 '별상전'이라고 읽는 이가 있다.

그렇다면 왜 이렇게 쓸까. 여기에 가르침이 있다. '팔(捌)'은 '여덟'이라는 뜻도 있지만 '깨뜨리다'는 뜻도 가지고 있다. 따라서 '捌相殿'

이라는 현판에는 이중의 뜻이 담겨 있다.

'팔(捌)'을 '여덟'이라는 뜻으로 보면 '상(相)'은 장면, 모습이 된다. 다른 하나는 '팔(捌)'을 '깨뜨리다'라는 뜻으로 보면 '상을 깨뜨려라', '상을 없애라'는 부처님 가르침과 연결된다. 이때의 '상(相)'은 고정관념을 뜻한다. 경험이나 생각 등을 통해 굳어진 그릇된 견해다. 따라서 '팔상(捌相)'은 고정관념을 깨뜨리라는 뜻이 된다.

『금강경』에는 아상(我相), 인상(人相), 중생상(衆生相), 수자상(壽者相) 등 사상(四相)을 언급한다. 여러 해석이 있지만, 이렇게 풀이해본다.

아상은 '나'라는 생각으로, '내가 누군데' 하는 것처럼 나에 대한 집착이다. 인상은 나와 너, 즉 각각의 개인을 구별하는 생각으로, '네가 뭘 알아, 내가 해보니 아는데' 하는 것처럼 자신을 내세우고 남을 무시하는 차별이다. 중생상은 중생에 불과하다는 생각으로, '내 주제에 뭐, 내가 뭘 할 수 있을까, 난 진짜 별 볼 일 없어' 하는 열등감이다. 수자상은 나이에 대한 편협한 생각이니, '너 몇 살이야. 감히 누구 앞에 버릇도 없이' 하며 나이를 내세우거나, '벌써 이 나이가 되었구나' 하며 나이 드는 것에 대한 한계 의식이다.

어떤 범어 경전에서는 사상을 다르게 해석한다. 특히 수자상의 경우 '영원히 변하지 않는 영혼이 있다는 관념'으로 풀이한다. 아무튼 수자상을 한자 그대로 '나이'로 해석하는 것이 재미있다. 실제 우리 생활에서 이런 모습을 종종 목격하기 때문이다.

•

팔상도를 탱화로 모신
보은 법주사 팔상전.

교통사고가 나서 사고 책임을 따지는 중에 한 운전사가 말하였다.

"너 몇 살이야?"

다소 어려 보이는 운전사가 혼잣말로 중얼거렸다.

"교통사고랑 나이랑 도대체 무슨 상관이지?"

원만한 삶을

십바라밀을 통해

육바라밀과

육바라밀과 십바라밀

사찰 건물에는 가끔 둥근달, 반달, 신발(굽쇠 모양), 가위(X 모양), 구름, 금강저(H 모양), 좌우 우물(좌우로 원 두 개), 전후 우물(위아래로 원 두 개), 이중 담장(원 속에 원), 별 가운데 달(큰 원 안에 작은 원 세 개) 등의 문양이 있다.

전북 고창 선운사 영산전 외벽 벽화에는 앞의 여섯 가지 문양이 있다. 경남 합천 해인사 공양간 입구 위 난간, 강원 고성 화암사 미륵불 앞 난간, 강원 고성 건봉사 석주에는 열 가지 문양이 모두 있다. 여섯 가지 문양은 육바라밀을 상징하고, 열 가지 문양은 십바라밀을 상

고창 선운사 영산전의
육바라밀.

• 고성 화암사 미륵불 앞 난간의 십바라밀.

징한다.

일반인도 들어봤을 법한 『반야심경』은 불교 행사가 있을 때 거의 빠짐없이 독경하는 경전이다. 그만큼 중요한 경전이다. 원래 이름은 『반야바라밀다심경』이다. '바라밀다'라는 용어보다는 '바라밀'이라는 용어를 더 많이 사용한다. 바라밀, 바라밀다는 인도어 '파라미타(pāramitā)'를 음역한 것이다. '미혹의 이 언덕에서 깨달음의 저 언덕에 이르다'라는 뜻으로 도피안(到彼岸), 도(度) 등으로 번역한다. 또는 완성, 성취, 최상 등으로도 풀이한다.

『반야경』 등에서는 육바라밀을 언급하고, 『화엄경』 등에서는 십바라밀을 언급한다. 우선 육바라밀을 이루는 덕목을 하나하나 살펴보자.

① 보시바라밀: 아무런 조건 없이 주는 행위다. 즉 보수를 바라지 않고 봉사하여 모든 이에게 기쁨과 평화, 즐거움을 준다. 굶주림 사람에게 먹을 것을 주고 헐벗은 사람에게 입을 것을 주며[재보시(財布施)], 진리를 알지 못하는 사람에게 법을 전하고[법보시(法布施)], 두려워하는 사람에게 용기와 위안을 준다[무외시(無畏施)]. 이러한 보시는 안으로는 인색하고 탐내는 마음을 끊고, 밖으로는 모든 중생에게 이로움을 주려는 마음을 이룬다.

② 지계바라밀: 계를 잘 지니는 생활이다. 스스로 자기 자신의 그릇됨을 고치고, 남을 보호하며, 적은 것에 만족하고, 착한 것을 권장하고 악한 것을 싫어하며, 옳지 않은 것을 막고 옳은 것을 실천하여 안온한 해탈의 길에 이르게 한다.

③ 인욕바라밀: 참기 어려운 일을 참고, 욕된 일을 당하여서도 스스로 성냄을 참고, 남을 이해하고 용서하고, 자신의 이익이나 명예에 집착하지 않고 원망하지 않는다.

④ 정진바라밀: 한결같은 마음으로 정성을 다해 끊임없이 계속하는 줄기찬 노력이며, 게으름과 방일에 물들지 않는 생활이다.

⑤ 선정바라밀: 모든 헛된 생각을 버리고 마음을 고요히 한곳에 집중한다. 번뇌 망상으로 인하여 생겨나는 번거롭고 소란한 마음을 진정시켜 정신을 통일한다. 정(定) 또는 삼매(三昧)라고 한다.

⑥ 반야바라밀: '지혜바라밀'이라고도 한다. 반야는 진리를 직관하는 지혜다. 이 지혜는 경험이나 사색을 통해 얻는 지식과는 다르다. 반야

란 진리의 세계, 만물의 참모습을 환히 비추어 보는 밝음이다. 반야바라밀은 육바라밀 중에서도 근본이 된다.

그런데 반야바라밀은 진리와 하나가 된 지혜(근본지), 그 경지를 바탕으로 중생들에게 제도하는 지혜(방편지)를 포함한다. 대승 보살에게는 진리와 함께하는 것도 중요하지만, 중생에게 맞는 방법으로 진리로 나아가게 하는 것도 필요하다. 이때 진리와 함께하는 지혜를 근본지, 중생에 맞는 방법을 아는 지혜를 방편지라 한다. 단순하게 비유하면 내가 아는 능력과 다른 사람을 가르치는 능력은 다르다고나 할까.

이러한 반야바라밀을 다시 다섯 덕목으로 나눈다. 즉 근본지에 해당하는 ⑥ 반야바라밀, 방편지에 해당하는 ⑦ 방편바라밀, ⑧원바라밀, ⑨역바라밀, ⑩지바라밀이다. 방편(方便)은 중생을 제도하고자 하는 방법을 말한다. 원(願)은 깨달음을 구하고자 하는 원, 다른 이를 즐겁게 하고자 하는 원을 말한다. 역(力)은 모든 가르침을 선택하여 닦고 익히며 나아가는 힘을 말한다. 지(智)는 가르침을 즐겁게 받아들이는 지혜, 중생을 성숙하게 하는 지혜를 말한다. 즉 중생을 제도하려면 적당한 방법을 알아야 하고, 이루고자 하는 원을 일으켜야 하고, 힘이 있어야 하고, 무엇보다 이 모든 것을 아우르는 지혜가 있어야 한다.

그리하여 보시바라밀에서 지바라밀까지 열 가지 덕목은 십바라밀이 된다. 그런데 십바라밀에서 반야바라밀은 근본지만 말하고, 지바라밀은 방편지만 말한다. 반면 육바라밀에서 반야바라밀은 근본지와 방편지를 모두 포함한다.

십바라밀을 나타낸 문양의 상징

그렇다면 앞에서 언급한 문양과 십바라밀은 어떻게 연결되는가.

① 둥근달: 보시바라밀을 상징한다. 허공의 밝은 달이 두루 원만하게 비추듯이, 광대한 가르침을 닦아 중생의 마음에 따라 모두 만족하게 보시함을 나타낸다.

② 반달: 지계바라밀을 상징한다. 초승달이 어둠을 줄이고 밝음을 더욱 자라게 하듯이, 모든 잘못을 방지하고 깨끗한 계율을 닦아 이루는 것을 나타낸다.

③ 신발: 인욕바라밀을 상징한다. 신발이 바깥의 장애로부터 발을 보호하듯이, 밖으로 모든 고통을 참고 안으로 부처님 성품을 따름을 나타낸다.

④ 가위: 정진바라밀을 상징한다. 가위로 물건을 다 자를 때까지 물러나지 않듯이, 지혜로 나아감에 항상 물러남이 없음을 나타낸다. 간략하게 X 모양으로 묘사하기도 한다.

⑤ 구름: 선정바라밀을 상징한다. 구름이 대지를 덮어서 모든 열기를 소멸시키듯이, 한곳에 마음을 모으면 능히 일체 번뇌의 열기를 소멸할 수 있음을 나타낸다.

⑥ 금강저: 지혜바라밀을 상징한다. 그 무엇으로도 제압할 수 없는 금강저처럼, 능히 일체법을 두루 아는 것을 비유한다. 간략하게 H 모양으로 묘사하기도 한다.

⑦ 좌우 우물: 방편바라밀을 상징한다. 좌우로 나란히 있는 두 개의 우물 모양이다. 하나의 원천에서 좌우로 두 우물을 나누어 중생들의 목마름을 해결하듯이, 갖가지 방편으로 중생을 피안의 세계로 인도함을 나타낸다.

⑧ 앞뒤 우물: 원바라밀을 상징한다. 앞뒤로 있는 두 개의 우물 모양이다. 귀한 이와 천한 이가 각기 우물을 이용할 수 있는 것처럼, 깨달음을 구하려는 서원과 남을 이롭고 안락하게 하려는 서원을 세우고 보살도를 수행하는 것을 나타낸다.

⑨ 이중 담장: 역바라밀을 상징한다. 집을 둘러싼 두 개의 울타리 모양이다. 집주인이 담장을 쌓고 순찰하며 쉬지 않는 것처럼, 사유하고 닦아 익히는 힘으로 여래의 법 안에서 항상 쉬지 않음을 나타낸다.

⑩ 별 가운데 달: 지바라밀을 나타낸다. 별 가운데 달이 멀거나 가깝거나 두루 비추어 장애가 없는 것처럼, 여래의 지혜를 증득하고 삼세 일체법을 두루 알아 장애가 없음을 나타낸다.

이 가운데 정진바라밀을 가위로 상징한 내용이 재미있다. 가위는 앞으로 갈 때만 물건을 자를 수 있다. 뒤로 물러나면 자를 수 없다. 따라서 가위로 물건을 다 자를 때까지 물러나지 않는 것처럼 지혜로 나아감에 항상 물러남이 없어야 한다. 그런데 정진바라밀은 무조건 나아가기만 하는 것이 아니다. 가위질이 약간 이상하면 한번 물러났다가 다시 나아가는 것처럼, 포기하지 않는다는 의미다.

10은 원만수

『화엄경』 등에서 십바라밀을 언급하는 것처럼, 불교 특히 화엄사상에서 10은 원만수다.

보통 탑은 3층, 5층, 7층 등 홀수 층이다. 그런데 경천사지 10층석탑, 원각사지 10층석탑처럼 홀수가 아닌 10층 짝수 탑이 있다. 이는 10이 원만수이기 때문이다. 원만은 모든 것을 아우르다, 모든 것을 갖추다, 부족함이 없다는 뜻이다.

이처럼 10이 궁극의 경지라면, 9는 궁극을 향해 나아가는 정진을 상징한다. 따라서 9에만 멈추지 말고 정진해 마침내 10으로 나아가야 한다.

어떤 일을 성취하기 위해 드리는 백일기도처럼 불교에서는 100이라는 수도 많이 사용한다. 100은 10처럼 원만수, 꽉 찬 수다. 그 100

일은 나의 삶을 바꿀 수 있는 계기가 되는 기간이다. 그런데 100일을 채워 어떤 일을 하기란 쉽지 않다. 꼭 도중에 다른 일이 생긴다. 그러나 포기하지 않고 100일을 채우면 자신감이 저절로 생긴다.

그런데 이 100일은 꼭 100일을 말하지 않는다. 만수(滿數)라는 뜻이다. 가득하다, 원만하다는 뜻이다. 스님들은 여름이나 겨울 3개월 동안 일정한 장소에서 수행한다. 이를 하안거 또는 동안거라고 한다. 그리고 신도들도 스님들의 수행에 동참하여 하안거 또는 동안거 3개월, 90일 동안 기도하기도 한다. 그런데 딱 100일이 아님에도 백일기도라고 부른다. 1만 개의 연등을 단다는 뜻으로 만등(萬燈)일 수도 있지만, 모든 정성이 원만하게 가득하다는 뜻으로 만등(滿燈)일 수도 있다.

3일이든, 7일이든, 21일이든, 한 달이든 어떤 일에 온갖 정성과 노력을 다한다면, 그것이 백일기도요, 만등 불사다. 정성과 노력을 다할 때 원만한 삶이 점점 다가오리라.

예불로 시작하고 예불로 마무리하다

절의 하루는 도량석(道場釋)으로 시작한다. 도량석은 '도량을 다스림'
을 뜻한다. 또는 도량송(道場誦)이라 한다. 목탁을 사용하기에 목탁석
이라고도 한다. 도량석은 예불 전에 도량을 청정하게 하고자 하는 의
식이다.

　새벽 3시가 되기 전 소임을 맡은 스님이 불단에 다기물을 올린 다
음 촛불을 켜고 삼배를 올린다. 시간이 되면 법당 앞으로 나와 목탁을
울려 산사의 새벽을 알린다.『천수경』,『화엄경』「약찬게」,「법성게」
등을 15분 정도 외우면서 법당 주위나 경내를 돈다. 끝으로 법당 앞

정면에 이르러 목탁을 세 번 친다. 그동안 대중들은 잠자리에서 일어나 새벽 예불을 준비한다.

그리고 종송(鍾頌)이 이어진다. 도량석이 끝나는 동시에 법당 안 작은 종이나 금고(金鼓, 쇠북)를 친다. 작은 소리로부터 시작해 큰 소리로 점차 높이 울린 다음 장엄 염불을 외우면서 종을 친다. 종송이 끝나면 곧 사물(四物)이 울린다. 대부분 법고, 범종, 운판, 목어의 순서로 울리지만, 사물이 울리는 순서는 사찰에 따라 조금씩 차이가 난다.

사물이 울리고 나면 법당 안 작은 종이나 금고를 다섯 번 울린다. 이때쯤이면 모든 대중은 법당에 자리한다. 이윽고 경쇠나 목탁 소리에 맞춰 예불을 시작한다. 큰법당의 예불이 끝나면, 다른 법당에서 각기 소임자가 예를 올린다.

오전 일과가 끝나고 나서 사시예불이 시작된다. 사시예불은 사시마지(巳時麻旨)라고도 한다. 절 하루 가운데 제일 중요한 의식이다. 사시(巳時)란 10시 전후, 즉 9시에서 11시까지를 말한다. 마지(摩旨)란 부처님께 올리는 공양을 일컫는다. '공들여 만든 맛있는 음식'이라는 뜻이다. 석가모니부처님은 당시 이 시간에 하루 한 번 공양하셨다. 그에 맞춰 불보살님께 공양을 올리고 예를 표한다. 불보살님께 공양을 올리기에 사시불공이라고도 한다. 사시불공이 끝나면 대중들은 점심 공양을 한다.

저녁 공양을 마친 뒤에 곧이어 사물이 차례대로 울린다. 사물 소리

•
새벽 예불을 올리는
해남 대흥사의 새벽녘.

가 끝나자마자 바로 큰법당에서 종송이 울린다. 저녁에는 새벽 예불과 달리 스님들이 소임 맡은 각 법당에서 예불을 마치고 큰법당으로 모인다. 그리고 저녁 예불로 하루를 마무리한다.

종송으로 중생 제도를 발원하다

새벽에 법당에서 듣는 종송은 묘한 느낌을 준다. 종송은 미망에 빠진 모든 중생의 깊은 잠을 깨워주며, 지옥에서 고통받는 중생들에게 극락세계의 장엄함을 일러주어 귀의 발원하도록 하는 의식이다. 종송은 다음 게송으로 시작한다.

> 원하건대 이 종소리 온 법계에 두루 퍼져
> 철위산의 무간지옥 깊은 어둠 밝아지고
> 삼악도의 중생들은 모든 고통 쉬어지며
> 칼산지옥 무너져서 일체중생 깨달음을 이루어지이다.

이어 『화엄경』에 대한 귀의, '일체유심조'의 『화엄경』 게송, 지옥을 부수는 진언을 읊는다. 그리고 장엄 염불이 길게 이어진다.

장엄 염불은 중요한 경전 내용으로 구성된다. 그리고 경전 구절 끝마다 나무아미타불을 후렴처럼 외워 이 도량을 극락세계로 장엄한다. 대한불교조계종의 『통일법요집』에는 극락세계 십종장엄(극락세계를 열 가지로 장엄한 내용), 석가여래 팔상성도(석가모니부처님의 일대기 가운데 중요한 여덟 장면), 다생부모 십종대은(여러 생애 부모님의 열 가지 큰 은혜), 오종대은 명심불망(국가·부모·스승·시주·친구의 은혜), 여러 경전의 게송, 아미타불본심미묘진언 등으로 장엄 염불을 이룬다.

그런데 장엄 염불은 사찰마다 그 내용을 달리한다. 나옹선사의 선시를 외우는 사찰도 있다. 앞의 모든 내용을 외우면 많은 시간이 걸린다. 보통 새벽 종송은 15분 정도로 내용을 구성하여 도량을 장엄하고 중생 구제를 발원한다.

반면 저녁 종송은 다섯 번만 타종하며, 게송 또한 간단하다.

이 종소리 듣는 이들 온갖 번뇌 끊어지고
밝은 지혜 자라나며 무상보리 생겨지다.
지옥 고통 사라지고 삼계고해 벗어나서
원하건대 성불하여 중생제도 하여지다.

파지옥진언
옴 가라지야 사바하(세 번)

이렇듯 종송에는 고통받는 중생들이 종송을 듣고서 불보살님께 귀의 발원하여 구제되기를 발원하는 의미가 담겨 있다.

범종으로 중생을 제도하다

종송 다음에는 범종각에서 법고, 범종, 운판, 목어 등의 사물이 울린다. 중생을 제도하기 위함이다. 범종만 있는 경우 범종으로 모든 소리를 대신하기도 한다. 그런데 대중들은 사물 가운데 범종을 치는 횟수를 궁금해한다. 새해 타종식을 할 때 왜 서른세 번 치는지 궁금한 것과 마찬가지다.

범종은 보통 아침에 스물여덟 번, 저녁에 서른세 번 친다. 왜 그렇게 종을 치는지는 경전에서 아직 보지 못하였다. 그런데 전해지는 이야기는 다음과 같다.

우선 아침에 스물여덟 번 치는 이유다. 첫째, 중생이 사는 세상을 계산하면 28세계가 되는데, 이 모든 중생을 제도하기 위해 스물여덟 번 친다. 둘째, 인도부터 중국까지 훌륭한 스승, 즉 마하가섭존자에서 육조혜능대사까지 28대 조사 스님의 가르침을 이어받기 위해서 스물여덟 번 친다.

다음으로 저녁에 서른세 번 치는 이유다. 이는 도리천의 33을 나타낸다. 도리는 인도어로 33을 뜻하는데, 도리천은 33천으로 사방에 여덟 하늘이 있고, 중앙에 제석천이 있다. 저녁에 범종을 서른세 번 치는 이유는 도리천 문 닫는 시간이기 때문이라 하기도 하고, 도리천이 모든 하늘을 대표하기 때문이라고도 한다. 하지만 명확한 이야기는 아니다. 그리고 33이 도리천을 나타낸다는 말도 명확하지 않다.

숫자에 맞춘 느낌이 강하다.

어떤 절에서는 저녁에 서른여섯 번을 친다. 의식집 『석문의범』에는 아침에 스물여덟 번, 저녁에는 서른여섯 번이라고 적혀 있다. 중생 세계를 어떻게 헤아리는가에 따라 36이 되기도 한다.

그런데 지금은 절에서만 범종을 치지만, 조선시대에는 성문을 여닫는 시간을 알리기 위해서도 종을 쳤다. 새벽 4시에는 서른세 번, 저녁 10시에는 스물여덟 번 쳤다. 스물여덟 번은 28개의 별자리인 28수(宿), 서른세 번은 도리천을 나타낸다고 한다. 평안한 도리천처럼 나라의 태평과 국민의 무병장수, 평안을 기원한다는 뜻이 담겨 있다.

한 해를 보내고 한 해를 맞이하는 의미

범종을 치는 횟수가 스물여덟 번이든, 서른세 번이든, 서른여섯 번이든, 사찰에서는 중생 제도를 위해 친다는 의미가 가장 크다. 한편 새롭게 의미를 부여할 수도 있다. 가령 33관음응신의 의미를 부여할 수도 있다. 앞서 종성의 내용도 다양한 경전 구절로 채울 수 있다.

한 해를 보내고 한 해를 맞이할 무렵, 우리는 지난 삶을 어떤 의미로 마무리하고, 어떤 의미로 새롭게 시작할 것인지 생각한다. 타종 소리에 의미를 부여할 수도 있고, 장엄 염불 가운데 어떤 의미의 발원을 담을 수도 있다.

•

범종은 중생 제도를 위해 친다.
국립경주박물관의 성덕대왕신종.

절집에는 회향(廻向)이라는 말이 있다. 회향은 자신의 공덕을 다른 대상에게 돌린다는 말이다. 회향은 마무리한다는 의미로 많이 사용되지만, 시작이라는 의미도 있다. 특히 삼처회향(三處廻向)이 있다. 자신의 공덕을 중생에게 회향하고, 깨달음에 회향하고, 진리에 회향한다. 이러한 회향은 올 한 해 공덕의 회향으로 끝날 수 있는 부분이 아니다. 정진하고 또 정진할 일이다.

염주를 돌리며 염불하는 공덕

염주 한 알 생애 번뇌 ♫

염주 두 알 사에 번뇌 ♫

백팔염주 마디마디 ♫

임의 모습 담겼으니 ♫

'염주' 하면 이 노래가 떠오르는 분은 대부분 50세 이상 넘어가고 있으리라. 1978년 대학가요제에서 최현 군이 부른 '백팔번뇌'라는 노래다. 전체 노래 가사를 보면 참으로 좋다. 이 글을 쓰고 있는 와중에도 노래가 입안에서 계속 맴돈다.

　우리는 염주를 다양하게 사용한다. 신앙생활을 할 때 산란한 마음을 다스리기 위해 돌린다. 또는 기도하거나 염불할 때 숫자를 세기 위해서도 염주를 돌린다. 그것이 습관이 되어 일상생활에서도 염주를 목이나 손목에 걸고 쉼 없이 돌린다.

　염주는 숫자를 세기 위해 사용하므로 수주(數珠)라고 하고, 경전이나 불보살의 명호를 외울 때 사용하므로 송주(誦珠)라고 하고, 주문을 외울 때 사용하므로 주주(呪珠)라고도 한다. 염주(念珠)는 말 그대로 '생각의 구슬'이다. 이때 염(念)은 '한순간도 다른 생각이 끼어들지 않고 어느 대상을 계속 생각한다.'는 의미다. 그렇다면 무엇을 생각하는가. 부처님의 말씀을 들어 보자.

　　어느 때 부처님께서 왕사성 기사굴산(영축산)에 대비구 1,250명, 수많은 보살과 함께 계셨다. 그 명성이 널리 전해져 천상과 인간의 공경을 받았다.

　　그때 난국(難國)의 왕 파유리는 부처님께 사신을 보냈다. 그는 부처님께 예배하고 여쭈었다.

　　"세존이시여, 우리나라는 변방의 소국입니다. 해마다 도적이 국경을 침범하고, 오곡이 너무도 귀하고, 질병이 유행하여 인민들이 가난으로 힘듭니다. 제가 편하게 잠을 잘 수 없습니다. 여래의 가르침은 깊고 넓으나, 저는 근심과 일이 많아 수행할 수가 없습니다. 원하건대 세존께서는 사랑과 연민을 특별히 베푸시어 저에게 요긴한 법을 주십시오. 제가 밤낮으로 쉽게 수행할 수 있게 하시고, 오는 세상에서 여러 가지 고통을 멀리 여의게 해 주십시오."

부처님께서 사신에게 말씀하셨다.

"번뇌장과 업장을 없애고 싶다면, 목환자(木槵子) 108개를 꿰어 항상 스스로 지니거라. 다니거나 앉거나 눕거나, 늘 지극한 마음으로 뜻을 분산하지 말고 불법승 삼보의 이름을 부르며 목환자 한 알을 돌려라. 이렇게 점차로 목환자를 열 번, 스무 번, 백 번, 천 번, 내지 백천만 번을 돌려라. 만일 20만 번을 채우면, 몸과 마음이 어지럽지 않다. 그리고 아첨이나 잘못도 없다면 목숨이 다한 뒤에는 하늘(제3염천)에 태어난다. 옷과 음식이 저절로 풍족하고 항상 안락하리라. 만약 또한 100만 번을 채운다면, 108번뇌의 업을 끊어 없애게 된다. 그리하여 '생사의 흐름을 등지고 열반으로 나아가며, 번뇌의 뿌리를 영원히 끊고 위 없는 결과를 얻었다.'고 비로소 이름할 것이다."

사신은 돌아가서 왕에게 말하였다. 왕은 크게 기뻐하였다. 그리고 부처님을 향해 멀리서 예배하며 말하였다.

"매우 거룩하십니다. 저는 받들어 행하겠습니다."

왕은 곧 관리와 백성에게 목환자를 만들도록 명령하였다. 천 구를 만들어 가족과 친척들에게 한 구씩 나눠 주었다. 왕도 항상 외우고 생각하였다. 비록 전쟁터라 하더라도 그만두지 않았다. 또 이렇게 생각하였다.

'대자대비하신 세존께서는 일체에 널리 응답하십니다. 만약 제가 이러한 선업으로써 오랫동안 빠져 있는 괴로움의 바다에서 벗어날 수 있다면, 여래께서는 나타나시어 저를 위해 설법해 주십시오.'

왕은 이런 소원과 즐거움이 마음에 가득해 사흘 동안을 먹지 않았다.

부처님께서는 곧 모습을 나타내시어 여러 권속과 함께 그 궁전 안으로 오셨다. 그리고 왕에게 말씀하셨다.

"사두 비구는 삼보의 이름을 3년 동안 외우고서 사다함과(성인의 경지)를 이루었다. 그리고 계속 수행하여 지금은 보향세계에서 벽지불이 되었다."

왕은 이 말씀을 듣고서 갑절이나 더 수행하였다.

부처님께서 아난존자에게 말씀하셨다.

"하물며 삼보의 이름을 만 년을 외운다면 어떻겠는가. 다만 만 년을 외운 사람의 이름을 듣고서 한 번이라도 따라 기뻐한다면, 미래 태어나는 곳에서 항상 10선(善)을 듣게 된다."

이 법을 말씀하셨을 때, 대중들은 기뻐하며 모두 받들어 행하고자 하였다.

−『목환자경』

목환자는 나무로 만든 둥근 알이라는 뜻이다. 바로 염주 알이다. 경전에서는 나무로 만든 염주를 언급하지만, 요즈음 염주는 보리수 열매, 향나무, 수정 등 다양한 재료로 만든다.

『목환자경』은 짧은 분량의 경전으로 염주와 관련된 중요한 수행 내용을 언급한다. 나랏일로 근심이 많은 파유리왕은 부처님께 '쉽게 수행하는 방법'을 구한다. 부처님께서는 '염주를 만들어 지니고 삼보의 이름을 외우면서 끊임없이 염주 알을 돌리는 수행법'을 알려 주셨다. 그리고 그 공덕은 다음과 같다.

> 삼보의 이름을 외우면서 염주 알을 돌리다 보면 몸과 마음이 편해지고, 목숨이 다한 뒤에는 하늘에 태어난다. 더욱 많이 외우면 108번뇌를 없애고 나아가 열반을 얻는다. 한편 오랫동안 염주를 돌리며 수행한 사람은 성인의 경지를 이루고, 또한 그렇게 수행한 사람의 이름만 듣고서 따라 기뻐해도 항상 좋은 일을 만나게 된다.

이처럼 염주를 돌리면서 염불하는 공덕은 참으로 대단하다.

108이라는 숫자의 의미

한편 경전 내용 가운데 '108'이 눈에 띈다. 염주 하면 108염주가 떠오르기 때문이다. 경전에서도 '목환자 108개를 꿰어 항상 지녀라'라고 하니, 바로 108염주를 말한다.

이렇듯 흔히 108염주를 널리 알고 있지만, 아래로는 54주, 42주,

36주, 27주, 21주, 18주, 14주 등이 있고, 위로는 1,080주, 3,000주 등 여러 가지가 있다.

108염주를 기본으로 절반으로 했을 때 54주가 된다. 54주를 절반 으로 했을 때 27주가 된다. 108주를 열 배로 하면 1,080주가 된다. 또 한 손목에 끼는 작은 염주를 합장주 또는 단주라고 한다.

그런데 각 숫자에 정해진 의미는 없다. 그 숫자에 맞게 부처님 말 씀을 연결할 뿐이다. 108염주는 108삼매를 증득하여 108번뇌를 끊 는 것을 나타낸다. 그렇다면 108번뇌에서 108이라는 숫자는 어떻게 나왔는가. 세 가지 산출 근거가 있다.

① 안식·이식·비식·설식·신식·의식 등 6식이 일어날 때, 세 가지 감정 이 생긴다. 고수(苦受, 괴로움)·낙수(樂受, 즐거움)·불고불락수(不苦不 樂受, 괴롭지도 즐겁지도 않음)다. 그리하여 6×3으로 18이 된다. 이 18 에 대해 각각 염(染, 더러움)·정(淨, 깨끗함)이 있다. 또는 탐(貪)·무탐 (無貪)이 있다. 그리하여 18×2로 36이 된다. 그리고 각각에 다시 과 거·현재·미래의 경우가 있다. 그리하여 36×3으로 108이 된다.

② 안식·이식·비식·설식·신식·의식 등 6식이 일어날 때, 고수·낙수· 불고불락수, 호(好, 좋음)·오(惡, 싫음)·평(平, 둘 다 아님)이 있다. 그리 하여 6×(3+3)으로 36이 된다. 여기에 각각 과거·현재·미래의 경우가 있다. 그리하여 36×3으로 108이 된다.

③ 탐(貪, 욕심)·진(瞋, 성냄)·치(癡, 어리석음)·만(慢, 오만)·의(疑, 의혹)·

악견(惡見, 그릇된 견해) 등 여섯 가지 근본 번뇌는 다양한 모습으로 나타난다. 따라서 여섯 가지 근본 번뇌의 특징에 따라 중생이 사는 삼계(三界) 가운데 욕계의 번뇌는 36종, 색계의 번뇌는 31종, 무색계의 번뇌는 31종으로 총 98종이 된다. 여기에 다시 근본 번뇌를 따라 일어나는 열 가지 번뇌가 있다. 무참(無慚, 자신에게 부끄러워하지 않음), 무괴(無愧, 남에게 부끄러워하지 않음), 질(嫉, 질투), 간(慳, 인색), 회(悔, 후회), 면(眠, 수면), 도거(掉擧, 들뜸), 혼침(昏沈, 멍하게 처짐), 분(忿, 분함), 복(覆, 잘못을 숨김) 등이다. 이를 합쳐 총 108번뇌가 된다.

108이라는 숫자는 딱 떨어지는 108이기도 하고 많은 번뇌를 대표하는 숫자이기도 하다. 번뇌는 좁게는 탐진치(貪瞋痴) 삼독이고, 넓게는 8만 4,000번뇌 그 이상이 된다. 번뇌만큼 삼매가 있고 지혜가 있다. 그러므로 108염주는 108삼매를 증득하여 108번뇌를 끊는 것을 나타낸다.

염주 알 가운데 가장 큰 것을 모주(母珠)라고 한다. 내부를 투명하게 하여 그 안에 불보살님을 모시기도 한다. 그런데 그 부처님은 밖에 있는 부처님이 아니라 바로 내 마음의 부처님이다. 그리고 염주 한 알 돌리며 염불할 때, 고요한 그 마음이 바로 부처님 마음이다.

무량무변한 시공간 속에 만난 부처님 가르침

무량억겁의 시간

경전에 나타난 숫자 단위나 시공간의 크기는 어지간한 상상력을 훌쩍 뛰어넘는다.

> 여래에게 무량무변 아승지 공덕이 있다. 너희들이 만약 무량억겁 동안 설하여도 다할 수 없다. 마땅히 알라. 여래는 모든 법의 왕이니, 설하는 모든 것이 허망하지 않느니라.
> ─『법화경』

'무량무변 아승지 공덕'을 '무량무변한 아승지 공덕' 또는 '헤아릴 수 없고 가없는 아승지 공덕'이라고 풀어서 번역한다. 그런데 '무량', '무변', '아승지'는 다름 아닌 숫자 단위다.

우리는 보통 숫자 단위를 일, 십, 백, 천, 만, 억, 조, 경 정도 알고 있다. 경은 10^{16}에 해당하는 숫자 단위다. 경전에서는 그 이상의 단위가 등장한다. 숫자 단위의 크기는 전해지는 책마다 다소 차이가 있다. 가령 『천수경』에 등장하는 '나무 칠구지불모 대준제보살'에서 '구지'는 천만 또는 억에 해당한다. (이하 숫자 단위의 크기는 정각 스님의 『천수경 연구』 256~258쪽 참조.) 여하튼 무량은 10^{53}, 무변은 10^{52}, 아승지는 10^{51}로 보는 입장에 의하면, 무량무변 아승지는 10^{156}이 된다. 물론 무량무변 아승지가 아무리 큰 수라고 하여도 한계가 있는 법, 부처님의 공덕이 단순하게 10^{156}이겠는가. 그래서 무량무변 아승지를 특정한 수로 번역하지 않고 '헤아릴 수 없고 가없는 아승지 공덕'이라고 번역한다.

그러한 부처님 공덕은 무량억겁을 설하여도 다할 수 없다. 여기서 '무량(10^{53}) 억(10^8)'은 10^{61}이 된다. 이 또한 특정한 숫자에 한정할 필요는 없다. 물론 10^{61}이라는 특정 숫자로 번역해도 상관은 없을 것 같다. 왜냐하면 그 엄청난 시간 동안 부처님 공덕을 설하여도 다할 수 없기 때문이다.

무엇보다 겁(劫)의 개념을 살펴보면, 그 엄청난 시간에 더욱 충격을 받는다. 경전에서 시간의 최소 단위는 찰나(刹那)다. 념(念)이라고 번역하기도 한다. 『구사론』 제12권에는 장사(壯士)가 손가락 한 번 튕기는 시간을 65찰나라고 한다. 시간의 최대 단위는 겁이다. 겁에 대한 계산은 여러 가지가 있다.

부처님께서는 비구에게 말씀하셨다.
"내가 비록 설명하더라도 그대는 알지 못하느니라. 비유로써 이해할 수 있게 하리라. 사방 백 유순(由旬, 약 16킬로미터) 되는 성(城)이 있다. 그 안에다 겨자씨를 가득히 채워 놓은 뒤에 장수천의 사람이 백 년마다 한 개씩 겨자씨를 가져가 그 겨자씨가 모두 없어진다 해도 겁은 여전히 다하지 않느니라. 또한 마치 사방 백 유순이 되는 돌이 있다. 어떤 사람이 백 년마다 바라나시에서 나는 가볍고 부드러운 옷을 가지고 와서 한 번씩 그 돌에 털어서 그 돌이 다 닳아 없어진다 해도 겁은 오히려 다하지 않느니라."
- 『대지도론』

『구사론』 제12권에 따라 겁을 계산하면 이렇다. 사람의 평균 수명이 10세에서 100년마다 한 살씩 늘어나 8만 살이 되고 다시 100년마다 한 살씩 줄어 열 살이 되는 기간을 1소겁이라고 한다. 이 1소겁의 스무 배가 1중겁이고, 1중겁의 네 배가 1대겁이다.

이러한 겁의 시간도 어마어마한데, 그것도 무량억겁이라면? 그렇게 부처님 공덕을 헤아려도 다 헤아릴 수 없다는 것이다.

갠지스강 모래알 수의 삼천대천세계

> "수보리야, 내가 이제 참다운 말로 너에게 말하겠다. 선남자 선여인이
> 항하사수의 삼천대천세계에 가득 찬 칠보로써 보시한다면, 그 복덕이
> 많겠는가?"
> "많습니다. 세존이시여."
> "만약 선남자 선여인이 이 경 가운데 한 글자 또는 나아가 사구게(四句
> 偈, 네 글자로 된 게송) 등을 다른 사람을 위해 설한다면, 이 복덕은 앞의
> 복덕보다 뛰어나느니라."
> ─『금강경』

항하사수(恒河沙數)에서 '항하'는 갠지스강을 말한다. 갠지스강을
'강가'라고 하는데, 이를 한역으로 음역하면 항하가 된다. 따라서 항
하사수는 '갠지스강의 모래알 수'가 된다. 삼천대천세계는 간단하게
언급하자면, 10억의 태양계라고 생각하면 된다. 그러한 10억의 태양
계가 갠지스강의 모래알 수만큼 된다고 하니, 어떻게 상상이나 가능
하겠는가.

경전에서 공간을 구성하는 최소 단위는 극미(極微)다. 더 쪼개지지
않는 가장 작은 알갱이를 말한다. 현대 물리학으로 생각하면 미립자
개념으로 보면 된다. 반면 공간의 최대 단위는 삼천대천세계라고 할
수 있다.

사구가 발달한 갠지스강의 모래알 수는
도대체 몇 개일지 셀 수나 있을까?

『구사론』제11권에 의하면 가장 높은 산인 수미산을 중심으로 수평으로는 9산 8해의 세상이 나이테처럼 펼쳐져 있고, 마지막 바다에는 동남서북으로 네 개의 대륙이 있다. 우리가 사는 곳은 남쪽 대륙으로 남섬부주(南贍浮洲)라고 한다. 수직으로는 땅 아래 풍륜, 수륜, 금륜, 그리고 지옥이 있으며, 위로는 욕계천, 색계천 등 여러 하늘이 있다. 욕계천에는 아래부터 사천왕천, 도리천, 야마천, 도솔천, 낙변화천, 타화자재천이 있다. 그리고 범천이라는 색계천이 이어진다. 그리고 해와 달이 수미산 중턱 정도에 위치한다.

이처럼 4대주, 해와 달, 수미산, 욕계천, 색계천 등을 합하여 하나의 세계로 할 때, 천 개의 세계를 소천(小千)세계, 천 개의 소천세계를 중천(中千)세계, 천 개의 중천세계를 삼천대천(三千大千)세계라고 한다.

따라서 삼천대천세계는 해와 달을 포함한 지구 10억 개의 세계를 말한다. 이러한 삼천대천세계가 갠지스강의 모래알 수만큼이라면 도대체 몇 개일까?

이렇게 어마어마한 공간인 갠지스강 모래알 수의 삼천대천세계에 가득 채워진 일곱 가지 보배로 보시한 공덕보다 『금강경』 한 구절을 다른 사람에게 설한 공덕이 더 뛰어나다고 하니, 부처님 가르침의 공덕은 어마어마하다 할 것이다.

참고로 『금강경』에 자주 등장하는 '내지 사구게 등(乃至四句偈等)'을 '사구게만이라도'라고 해석하지만, 다르게 해석할 수 있다. '내지'는 앞부분을 생략한 것이고, '등'은 뒷부분을 생략한 것이다. 따라서

'내지 사구게 등'은 『금강경』에 있는 말씀 '한 글자부터 나아가 사구게, 그리고 전체 부분까지'로도 해석할 수 있다. 『금강경』 한 글자라도 간직하고 읽고 외우며 다른 사람을 위해 설한다면, 그 공덕은 이루 헤아릴 수 없다는 뜻이다.

부처님 가르침 만나기 어려우니

『중아함경』 「팔난경」 등을 보면 부처님을 만나지 못하고 부처님 가르침을 듣기 어려운 여덟 가지 경우가 있다. 이를 팔난(八難)이라고 한다. ① 지옥, ② 아귀, ③ 축생으로 태어난 경우다. 이들은 삼악도(三惡道)의 고통이 심하므로 부처님 가르침을 함께할 여유가 없다. ④ 장수천(長壽天)의 경우에는 장수를 즐겨 구도심이 생기지 않는다. ⑤ 변방에 태어나는 경우다. 남섬부주의 변방에 해당하는 북쪽 대륙 울단월(북구로주)에는 즐거움이 너무 많기 때문이다. ⑥ 신체에 장애가 있어 제대로 부처님 가르침을 접하지 못하는 경우다. ⑦ 총명하지만 세속의 다른 가르침(외도)에 빠진 경우다. ⑧ 부처님이 안 계신 때다.

　지옥, 아귀, 축생, 장수천, 울단월 등의 경우에 비한다면, 지금 사람의 몸을 받아서 부처님 가르침과 함께한다는 것은 실로 엄청난 일이다. 『잡아함경』 등에서는 사람으로 태어나기 힘든 것을 '눈먼 거북이'에 비유하여 설명한다.

"비유해 보자. 이 큰 대지가 모두 큰 바다로 변할 때, 한량없는 겁을 살아온 눈먼 거북이가 있다. 그 거북이는 백 년에 한 번씩 머리를 바닷물 밖으로 내민다. 그런데 바다 가운데에 구멍이 하나뿐인 나무가 떠돌아다니고 있다. 그 나무가 파도에 밀려 표류하고 바람을 따라 동서로 오락가락한다고 할 때, 저 눈먼 거북이가 백 년에 한 번씩 머리를 내밀면 그 구멍을 만날 수 있겠느냐?"

(중략)

"눈먼 거북이와 뜬 나무는 비록 서로 어긋나다가도 혹 서로 만나기도 할 것이다. 그러나 어리석고 미련한 범부가 오취(五趣)에 표류하다가 잠깐이나마 사람 몸을 받는 것은 그것보다 더 어렵다."

─『잡아함경』

엄청난 비유다. 눈먼 거북이가 물속에 있다가 백 년에 한 번씩 물 밖으로 나올 때, 망망대해에 떠다니는 판자 구멍으로 머리를 내밀 확률은? 그것보다 힘든 것이 사람 몸을 받는 것이라고 하니, 지금 사람 몸을 받은 것이 얼마나 복되고 다행스러운 일인가. 더욱이 사람 몸 받기보다 더 어려운 것은 부처님 가르침을 만나는 것이라고 한다.

이렇게 사람 몸을 받고 부처님 가르침을 만났다는 것은 또한 얼마나 복되고 복된가. 그런데 우리는 너무 자연스럽게 접하다 보니 이 모든 것을 당연하게 여긴다. 당연한 게 아니다. 이 모든 것은 소중하고 엄청난 인연이다.

긴 세월을 지나 자비심으로 가르침을 펼친 부처님

석가모니부처님은 지금으로부터 2,600년 전에 이 땅에 오셨다. 그리고 혹독한 수행을 하고, 마침내 보리수 밑에서 깨달음을 얻으셨다. 그런데 『법화경』 「여래수량품」에 의하면 석가모니부처님은 2,600년 전에 이 땅에서 깨달음을 얻으신 것이 아니고, 헤아릴 수 없는 세월 이전에 이미 성불하셨다. 그 헤아릴 수 없는 세월이란, 또한 상상할 수 없을 정도의 시간이라고 경전에서 언급하고 있다.

> "너희들은 여래의 비밀한 신통력을 자세히 들으라. 일체 세간의 하늘과 인간 그리고 아수라는 모두 석가모니부처님이 석씨 궁을 나와 가야성 가까운 도량에 앉아 아뇩다라삼먁삼보리를 얻었다고 말한다. 그러나 선남자여, 내가 성불한 지는 무량무변 백천만억 나유타 겁이니라. 비유하면 어떤 사람이 오백천만억 나유타 아승지 삼천대천세계를 모두 가는 티끌로 만들어 동방으로 오백천만억 나유타 아승지 국토를 지날 때마다 한 티끌씩을 떨어뜨린다. 이렇게 동방으로 행하여 그 티끌이 다하였다.
>
> 선남자들이여, 어떻게 생각하는가. 이 많은 국토를 사유하고 헤아려서 그 수를 알 수 있겠느냐?"
>
> (중략)
>
> "선남자들이여, 이제 너희들에게 분명히 말하겠노라. 만일 티끌을 떨

어뜨린 국토나 그렇지 않은 국토를 다 합하여 티끌로 만들고 그 하나
의 티끌을 1겁이라 하여도, 내가 성불한 지는 이보다 백천만억 나유타
아승지 겁이나 더 오래되느니라."

– 『법화경』「여래수량품」

석가모니부처님이 성불한 지는 이미 '무량무변 백천만억 나유타
겁'이 지났다. 숫자 단위로 나타내 본다면, 무량(10^{53}) 무변(10^{52}) 백
(10^2) 천(10^3) 만(10^4) 억(10^8) 나유타(10^{11})로 10^{133}겁이다. 그러나 이
후 경전에서 언급한 비유를 보면, '무량무변 백천만억 나유타 겁'은
10^{133}겁이라는 특정한 시간이 아니다. 참으로 헤아릴 수 없는 세월
을 뜻한다.

오백천만억 나유타 아승지(10^{51}), 즉 5×10^{79} 삼천대세계를 티끌로
만들고, 그 티끌을 오백천만억 나유타 아승지 국토를 지날 때마다 티
끌 하나씩 떨어뜨려 마침내 그 티끌을 다 떨어뜨렸다. 이때 티끌이
떨어진 국토와 떨어지지 않은 국토를 모두 합쳐서 티끌로 만들고, 그
한 티끌을 1겁이라고 가정한다. 그리고 그 모든 티끌의 겁수보다 부
처님이 성불한 지는 백천만억 나유타 아승지 겁이 더 오래되었다는
말씀이다. 이를 오백진점겁(五百塵點劫)이라고 한다.

석가모니부처님은 이처럼 오래전에 성불하셨지만, 다른 백천만억
나유타 아승지 국토에서 중생을 인도하셨다. 마찬가지로 자비심으
로 이 땅의 중생을 제도하기 위해 2,600년 전 이 땅에 오시어 당신의

삶을 통해 가르침을 보여 주셨다.

"나는 무량무변 백천만억 아승지 겁에 이 얻기 어려운 아뇩다라삼먁
삼보리를 닦고 익혀 지금 너희들에게 부촉하느니라. 너희들은 이 법
을 받아 지녀 읽고 외우며 펼쳐 모든 중생에게 두루 듣게 하고 알게 하
여라. (중략) 여래는 모든 중생의 큰 시주(施主)다. 너희들은 여래의 법
을 따라 배우되 아끼거나 인색한 마음을 내지 마라. 미래세에 만일 선
남자 선여인이 여래의 지혜를 믿는다면, 이 『법화경』을 마땅히 연설
하여 듣게 하고 알게 하라. 그 사람에게 부처님 지혜를 얻게 하려 하기
때문이니라.
또 만일 어떤 중생이 믿지 않고 받지 않으면, 여래의 다른 깊고 미묘한
법 가운데서 보이고 가르쳐 이익되고 기쁘게 하라. 만일 너희들이 이
와 같이 하면, 이미 여러 부처님의 은혜를 갚는 것이니라."
– 『법화경』「촉루품」

보시에는 재시(財施), 법시(法施), 무외시(無畏施)가 있다. 그 가운
데 법시(법보시)를 중요하게 여긴다. 그런데 생각해보면 경전 말씀처
럼 법보시를 가장 많이 하신 분은 바로 석가모니부처님이다. 그러므
로 석가모니부처님은 대시주(大施主)다. 이러한 대시주인 부처님의
은혜를 잊지 않고 보답하고자 한다면, 그 은혜를 다른 이들과 나누는
법보시자가 되어야 하리라.

절에는 이야기가
숨어 있다

초판 1쇄 발행 2023년 4월 11일
초판 2쇄 발행 2023년 7월 24일

지은이	목경찬
펴낸이	오세룡
편집	허 승 여수령 정연주 손미숙 박성화 윤예지
기획	최은영 곽은영 최윤정
디자인	캠프커뮤니케이션즈
	고혜정 김효선 박소영 최지혜
홍보·마케팅	정성진

펴낸곳	담앤북스
	서울특별시 종로구 새문안로3길 23
	경희궁의 아침 4단지 805호
	대표전화 02)765-1251
	전송 02)764-1251
	전자우편 dhamenbooks@naver.com

출판등록 제300-2011-115호

ISBN 979-11-6201-391-5 (03910)
정가 16,800원